Ma petite COUTURE

ACCESSOIRES ET VÊTEMENTS POUR PETITS ET GRANDS

Créations : Sophie Bouger
Photographies : David Bonnier

Tana
éditions

LES ACCESSOIRES DES PETITS

LES JOLIS PETITS VÊTEMENTS

MES ACCESSOIRES PRATIQUES

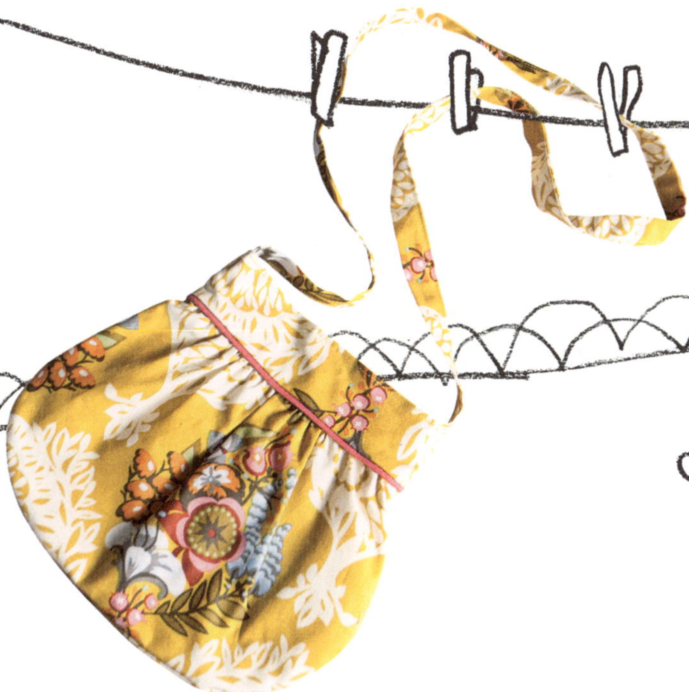

MES VÊTEMENTS POUR TOUS LES TEMPS

COMMENT LIRE ET UTILISER LES PATRONS ?

Les indications données dans le paragraphe « Fournitures » précisent la quantité de tissu nécessaire pour une largeur de 140 cm.
Prévoyez-en davantage si votre tissu est plus étroit.
Ces quantités sont calculées de manière assez large, considérant que vous avez placé toutes les pièces dans le même sens (obligatoire si votre tissu possède un motif qui a un sens). Vous pourrez parfois, en fonction de votre tissu, optimiser les quantités utilisées.
Le paragraphe « Coupe » indique les coupes à effectuer pour chaque pièce de tissu utilisée.
En fonction de leur taille, les éléments sont représentés différemment :

- les petites pièces sont schématisées et disposées au fur et à mesure des explications techniques ;
- les plus grandes pièces sont sur la grande planche à déplier située au début de l'ouvrage, en face A ou B.

Lorsque vous avez repéré toutes les pièces, il faut les recopier sur du papier, par transparence. Vous pouvez trouver du « papier à patron » en mercerie, papier très fin type papier de soie, en feuilles ou en rouleau, mais n'importe quel papier suffisamment grand et transparent pourra faire l'affaire (rouleau de papier pour les dessins des enfants, nappe en papier…).
Reportez sur votre patron en papier toutes les indications utiles : emplacement des boutons et boutonnières, emplacement des poches, repères de fronces…).
Ne coupez pas le tissu dans n'importe quel sens, il faut que vous respectiez le sens du fil : placez systématiquement la ligne de pliure ou la double flèche du patron dans le sens de tissage (droit-fil). Si vous positionnez votre pièce de biais, le « tombé » ne sera pas le même.
Pour chaque pièce, il est précisé combien de fois et comment on la coupe :

- pour couper 1 fois : posez la pièce en papier sur le tissu, épinglez-la et coupez tout autour ;
- pour couper 1 fois en double : pliez votre tissu en 2 sur le droit-fil, positionnez votre pièce de patron en papier dessus (en plaçant bien sûr le côté du patron où il est indiqué « pliure » sur la pliure du tissu). Épinglez et coupez tout autour ;
- pour couper 2 fois : pliez votre tissu en 2 sur le droit-fil, positionnez votre pièce de patron en papier dessus (en respectant le sens du droit-fil). Épinglez et coupez tout autour. Le fait de plier le tissu en 2 permet de couper les 2 parties en une seule fois, et de s'assurer qu'elles seront bien en vis-à-vis (si on regarde les 2 manches sur l'endroit, par exemple, elles doivent être symétriques, la partie correspondant au dos doit être à gauche sur l'une, à droite sur l'autre).

Les marges de couture sont comprises, vous pouvez donc couper en suivant directement le patron.
Vous ne devrez ajouter 0,5 cm de marge autour du patron que si vous faites des coutures anglaises.
Reportez sur votre tissu les indications portées sur le patron : emplacement des poches, boutons, pinces, repères de fronces… Pensez également à repérer le devant et le dos sur les manches.
Pour vous repérer sur les schémas d'explications, l'envers des tissus est coloré en gris, l'endroit étant blanc ou à motifs.

Certaines techniques reviennent régulièrement dans le livre, vous en trouverez une explication plus précise à laquelle vous référer lorsque vous les rencontrerez en faisant vos créations.

Le biais

Il s'agit d'une bande coupée dans le biais du tissu (à 45° du sens de tissage, donc). Ce sens de coupe lui donne une élasticité qui permet de finir joliment des arrondis, notamment les encolures.
On trouve dans le commerce du biais plié tout prêt de 18 ou 20 mm de large généralement.

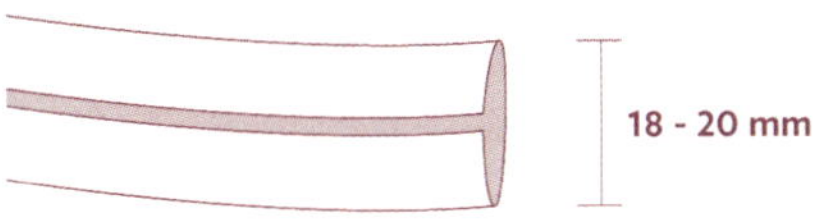

On peut également fabriquer le biais soi-même, en particulier lorsqu'on souhaite le faire dans le même tissu que celui utilisé pour la création.

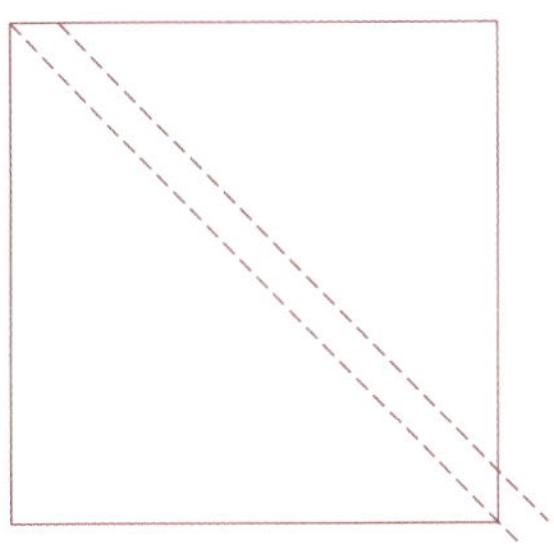

Coupez 1 carré de tissu dans la diagonale, puis coupez selon des lignes parallèles à 36 ou 18 mm de distance, selon la largeur souhaitée.

Il faudra utiliser un biais de largeur différente selon l'utilisation :
• on utilise du biais de 18 mm lorsqu'on borde un tissu en plaçant le biais à cheval sur le bord non fini (le biais est visible des deux côtés) ;
• on peut également utiliser ce biais pour former une coulisse dans laquelle on glissera 1 élastique. S'il s'agit d'un élastique large (à la taille), on gardera la largeur classique du biais (18 mm).
En revanche, lorsqu'il s'agit de finir une encolure sans que le biais soit visible sur l'endroit (B), le biais devra être plus étroit (environ 8 mm, une fois replié).

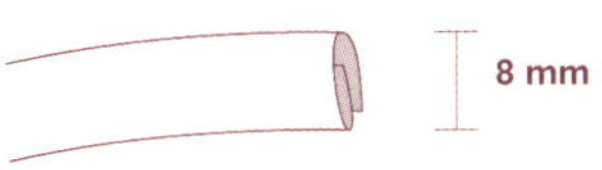

Vous pouvez simplement recouper votre biais de 18 mm au niveau d'une des pliures.

On peut poser le biais à cheval sur le bord non fini (A), ou juste à l'intérieur (B), afin qu'il ne soit pas visible sur l'extérieur.

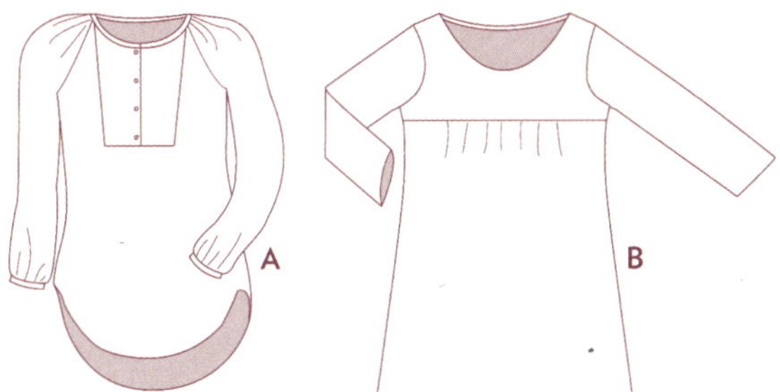

blouse à plastron **robe tunique**

Posez le biais à cheval sur la bordure : on utilise un biais replié de 18-20 mm de large. On procède en 2 fois :

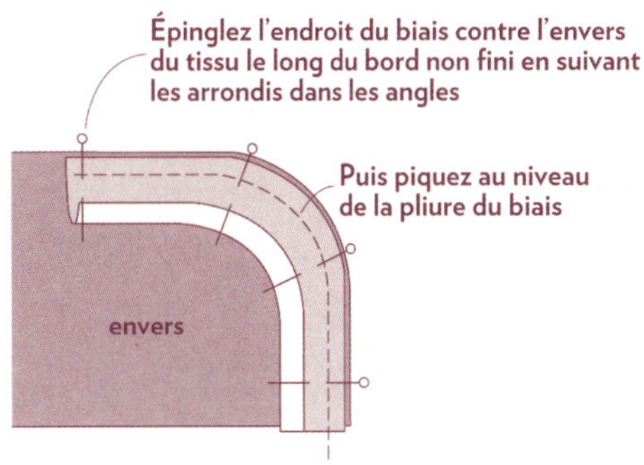

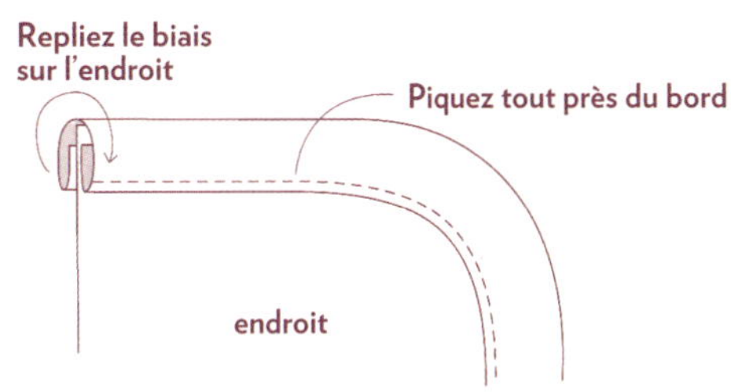

Posez le biais à l'intérieur uniquement : choisissez la largeur de biais qui convient à la bordure à réaliser ; biais fin pour une encolure, large pour une coulisse d'élastique (à la taille, par exemple).

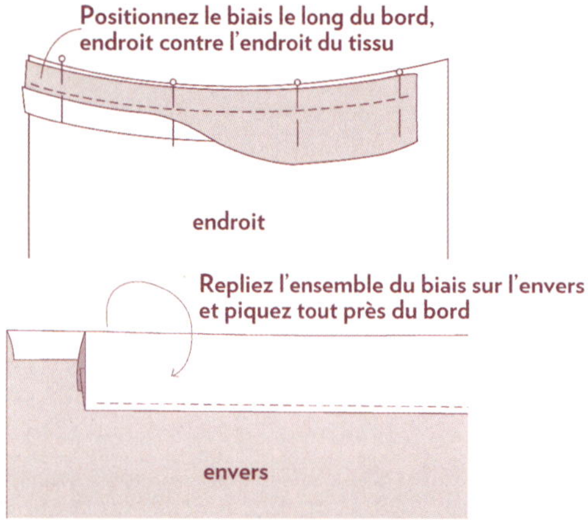

Lorsque le biais doit former une boucle fermée (encolure, par exemple). Placez le biais tout autour de l'encolure, en commençant par le milieu du dos (vous replierez l'extrémité sur 1 cm). Superposez la seconde extrémité à la première, sur 1 cm. Coupez les angles pour qu'ils ne dépassent pas lorsque vous replierez l'ensemble sur l'autre côté.

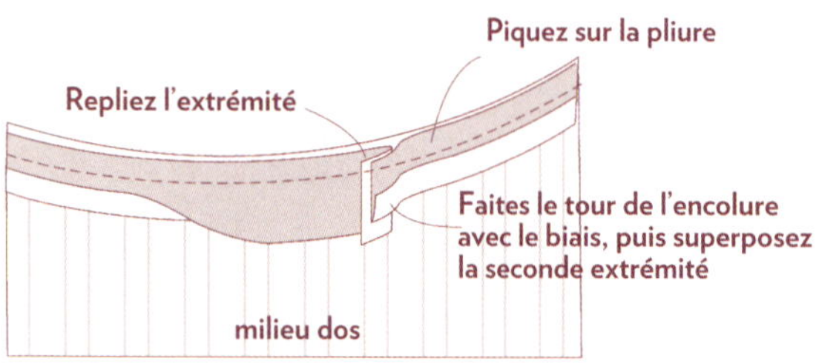

Le passepoil

Ce terme désigne un biais cousu autour d'un cordon, permettant ainsi de souligner une couture entre deux tissus. On intègre le passepoil dans la couture, ne laissant dépasser que la partie cordon sur l'endroit.

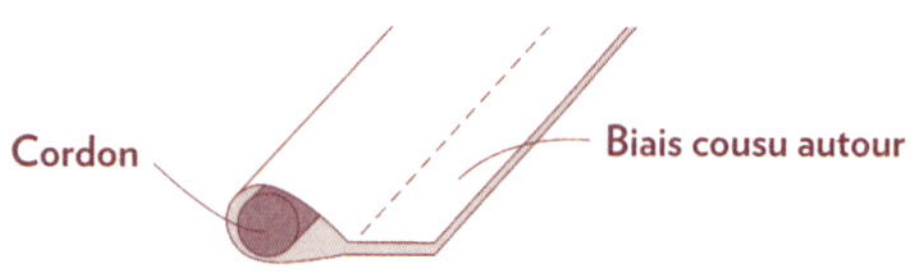

On peut l'acheter tout prêt en mercerie, ou le faire en repliant une bande de biais autour d'un cordon, et en piquant tout près du cordon (utilisez pour cela le pied pour fermeture à glissière de votre machine à coudre)

Le repli et l'ourlet

Un ourlet finit généralement les bords d'un vêtement. On replie successivement 2 fois le tissu vers l'intérieur, afin de masquer le bord non fini. Piquez ensuite au bord du pli pour maintenir l'ourlet.

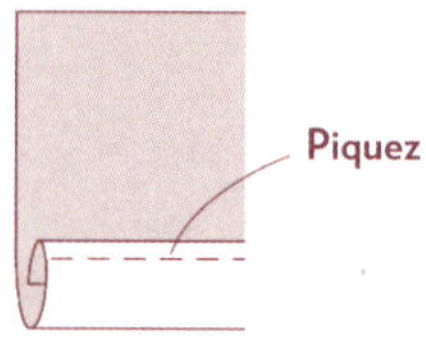

On appellera repli une simple pliure du tissu vers l'intérieur, utilisée lorsqu'on fait une poche par exemple. Exemple : la poche plate p.48

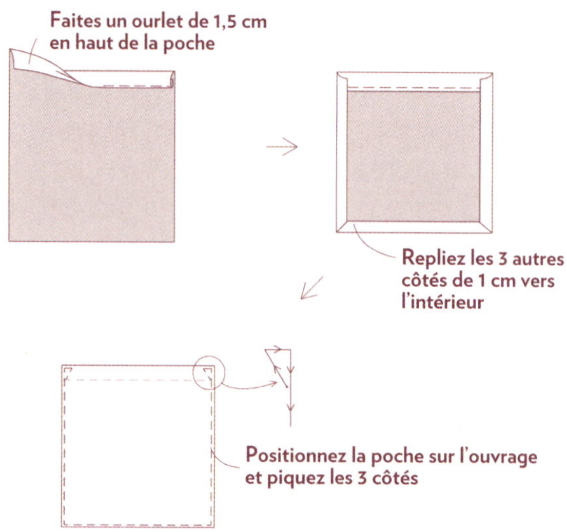

Les fronces

Faites une couture à points très larges (le plus grand que vous ayez sur votre machine) entre les 2 repères de fronces marqués sur le patron, sans faire d'arrêt aux extrémités. Puis tirez sur un des fils.

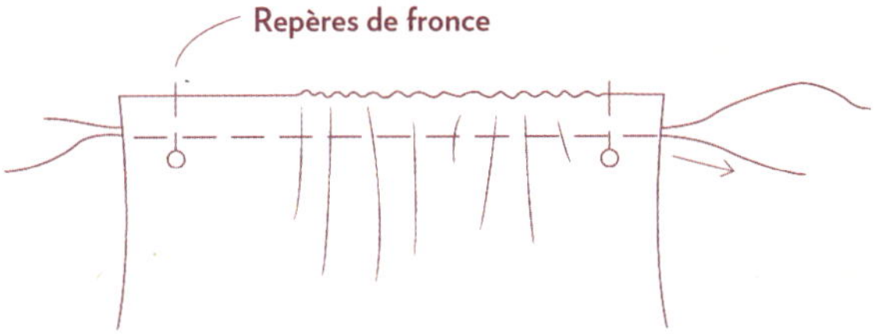

Répartissez les fronces équitablement entre les 2 repères. Vous pouvez ensuite assembler cette pièce à une autre non froncée, endroit contre endroit.

Monter des manches

Cette méthode n'est pas très académique, mais elle est simple : montez les manches « à plat », et ne fermez qu'après le dessous des manches et les côtés du vêtement.

1 Faites une couture à points larges (le plus grand que vous ayez sur votre machine) le long de l'emmanchure, sans faire d'arrêt aux extrémités.
Puis tirez sur un des fils pour froncer très légèrement la manche (la manche ne doit pas réellement être froncée, mais juste resserrée ; cette opération lui permet de prendre forme pour faciliter la couture).

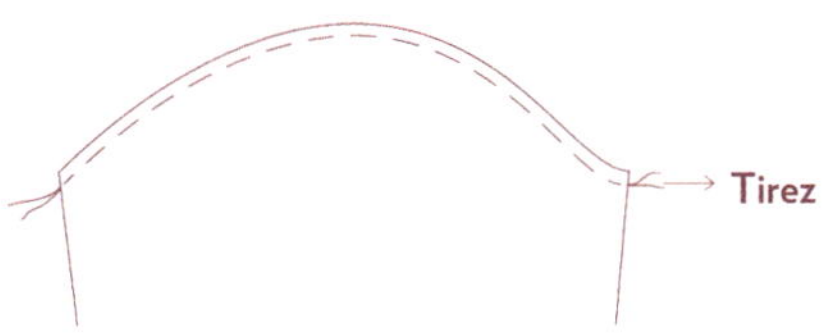

2 Épinglez la manche sur la tunique, endroit contre endroit, en commençant par placer les épingles aux 2 extrémités et au niveau de la couture d'épaule (alignez avec le repère), puis piquez.

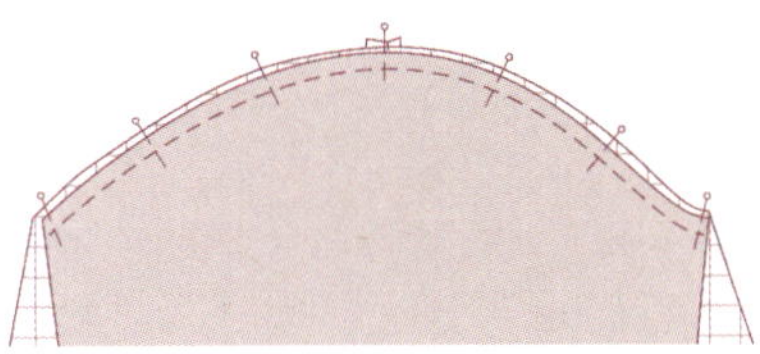

3 Cousez les côtés et le dessous des manches, endroit contre endroit, en une seule couture.

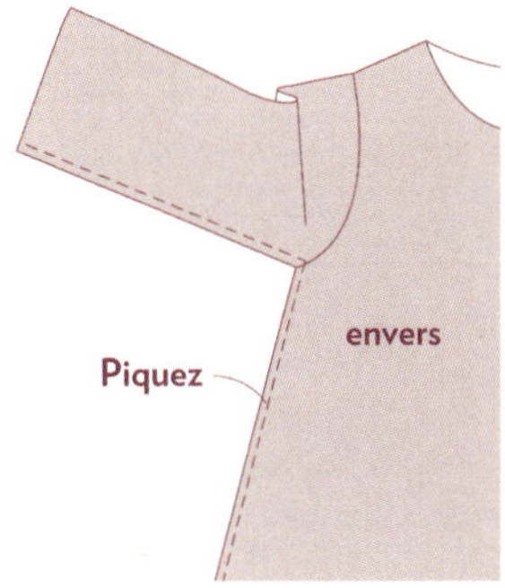

Cranter les arrondis

Pour de plus jolies finitions, prenez l'habitude de cranter les coins et les arrondis le long des coutures avant de retourner votre ouvrage sur l'endroit.

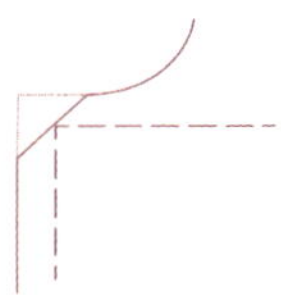

Dans les coins, coupez la pointe

En bas d'une fente, faites 2 petites entailles en biais

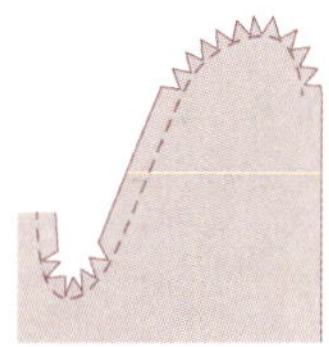

Crantez les arrondis

LES ACCESSOIRES DES PETITS

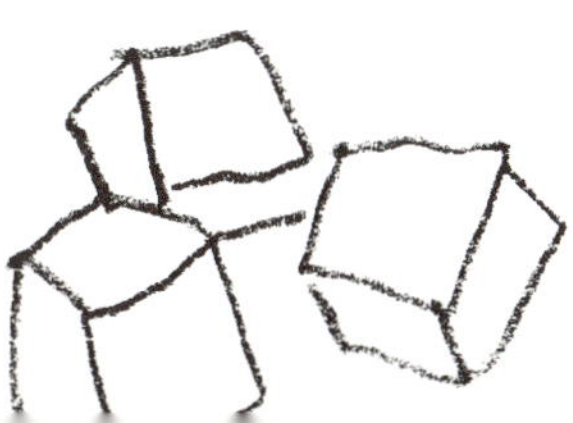

TAPIS D'ÉVEIL

Avec ses textures et couleurs différentes, ce plaid est parfait dès la naissance pour s'éveiller. On peut même y faire un petit somme en cas de grosse fatigue !

1 Cousez les ronds sur le tissu du dessus :

- notez à la craie sur le tissu l'emplacement de chacune des pièces ;
- entoilez chaque pièce avec la triplure thermocollante ;
- positionnez la pièce sur le tissu et piquez tout autour au point zigzag ;
- continuez de même pour les pièces suivantes.

Sous certaines, vous pouvez, par exemple, glisser un emballage de papillote, pour faire du bruit...

2 Préparez les angles du tissu du dessous.

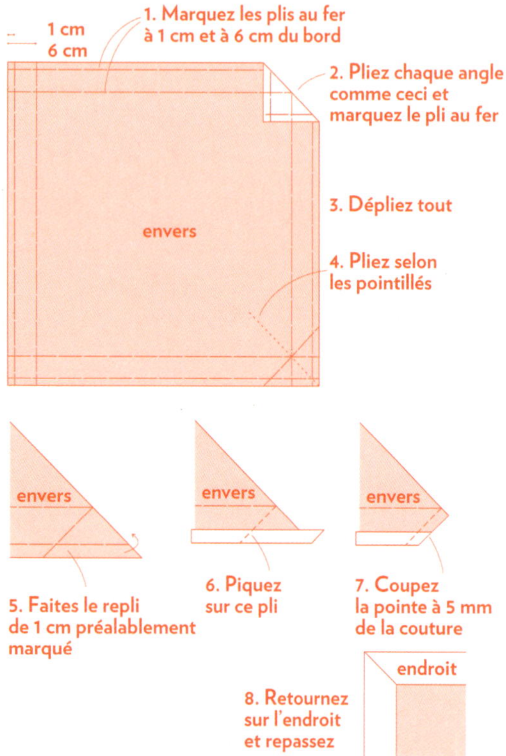

3 Superposez les deux couches de ouate et le tissu du dessus (endroit vers vous), piquez tout autour pour les maintenir ensemble.

4 Fixez solidement les rubans, les grelots ou le papier métallisé sur le dessus, selon vos envies en prenant exemple sur le schéma ci-dessous. Faites plusieurs coutures à 2-3 cm du bord pour que les éléments ne puissent pas être détachés (ces coutures seront masquées par le rabat).

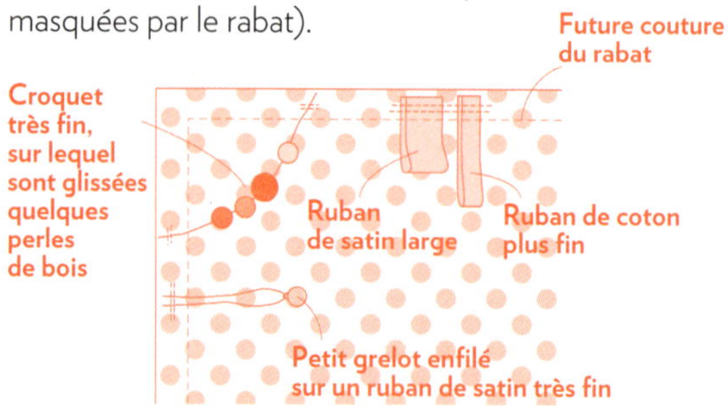

Attention, prévoyez que les éléments soient cachés par le rabat jusqu'à 5 cm du bord.

5 Posez le tissu du dessous, envers vers vous. Posez par-dessus l'ensemble ouate + tissu à pois, endroit vers vous. Glissez cet ensemble sous le rabat formé par le tissu du dessous. Épinglez et piquez tout autour, à quelques millimètres du bord du rabat.

vue de profil

FOURNITURES ET COUPE

1 x 1 m de tissu pour le dessus
1,12 x 1,12 m de tissu pour le dessous et les côtés
2 épaisseurs de ouate de 1 x 1 m
Divers tissus de textures et couleurs différentes pour les ronds appliqués (velours milleraies, velours à grosses côtes, toile enduite, éponge, tissu qui brille, coton fin, toile de lin, feutrine…)
Triplure thermocollante de la taille de chaque pièce de tissu choisie
Petits rubans (satin, coton, croquet), grelot, perles en bois, papier métallisé qui bruisse (emballage de papillote)…

MAISON DE VACANCES

Une maison qui se roule, pas plus grosse qu'une trousse, à emmener pour jouer partout !

1 La chambre :

• ourlez la bande de tissu fleuri sur un long côté ;
• positionnez-la sur le « sol » et cousez les 3 bords ;
• puis faites 3 coutures pour diviser la poche et ainsi former 4 « lits ».

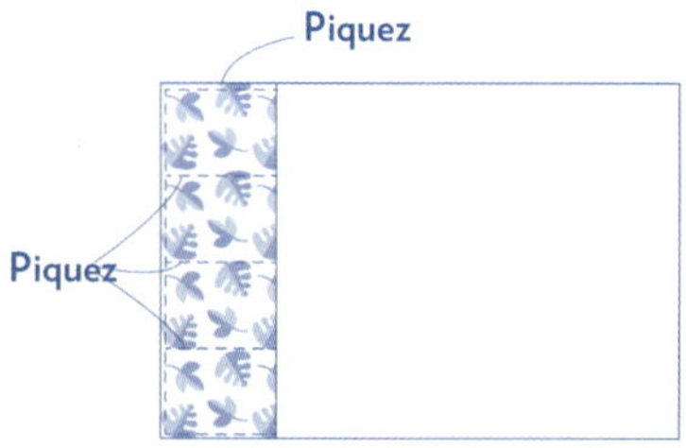

2 Le mur de la salle de bains :

(A) Coupez une bande de biais (ou ruban) de 16 cm de long, et faites un repli de 1 cm à une des extrémités. Positionnez-la sur le sol à 12 cm du bord droit et piquez tout autour.
(B) Cousez un morceau de scratch de 4 cm de long dans le prolongement du mur.
(C) Coupez une bande de biais (ou ruban) de 15 cm de long, et faites un repli de 1 cm à une des extrémités. Cousez, à cette même extrémité, l'autre partie du scratch.
(D) Positionnez la bande de biais sur le sol à 12 cm du bord, de façon à ce que les deux parties du scratch se retrouvent en vis-à-vis, et piquez de chaque côté du ruban sur 10 cm depuis le bord haut.

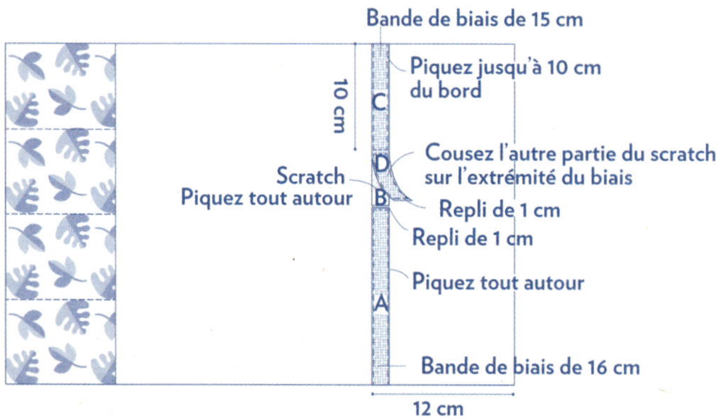

3 Les meubles :

Coupez les différentes formes dans la feutrine.

Salle de bains :
• W-C, lavabo, baignoire, table à langer : cousez directement sur le sol, en faisant une piqûre autour de chaque élément.
• cousez le bouton de la chasse d'eau sur le réservoir ;
• cousez une partie du scratch (3,5 cm) sur la table à langer ;
• cousez l'autre partie sur le matelas à langer.

Salle à manger :
• cousez directement sur le sol la table et les chaises (faites une piqûre tout autour de chaque morceau) ;
• éventuellement, cousez les petits boutons décoratifs (chat…).

Cuisine :
• cousez le plan de travail directement sur le sol, puis l'évier par-dessus ;
• cousez également dessus les 4 boutons formant les plaques de cuisson ;
• cousez le four sur le sol, et ajoutez un morceau de scratch de 1 x 2,5 cm ;
• pour la porte, cousez au point zigzag l'autre partie du scratch, et fixez la porte au four en piquant sur un seul côté, pour qu'elle puisse s'ouvrir ;
• cousez le petit bouton sur la porte.

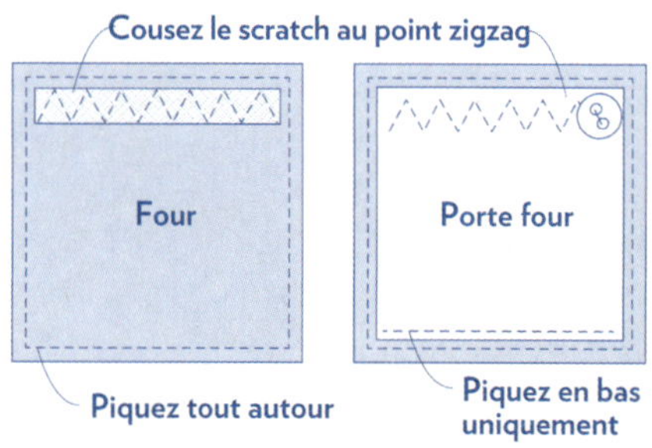

FOURNITURES ET COUPE

Pour l'intérieur :

1 rectangle de tissu de 44 x 29 cm (« sol » de la maison)
1 rectangle de tissu fleuri de 12 x 29 cm (pour les lits)
30 cm de biais ou ruban de 1,5 cm de large (mur de la salle de bains)
10 cm de scratch de 2 cm de large
Chutes de feutrine de différentes couleurs pour les meubles
1 bouton boule (pour la chasse d'eau)
4 boutons de diamètre légèrement différent (entre 0,8 et 1,4 cm pour les plaques de cuisson)
1 petit bouton pour le four (diamètre 0,7 cm)
Éventuellement, de jolis boutons pour décorer (une pomme pour mettre sur la table, un petit chat...)

Pour l'extérieur :

1 rectangle de tissu de 44 x 29 cm
56 cm de ruban d'au moins 2 cm de large
5 cm de scratch
Chutes de tissus pour décorer

MAISON DE VACANCES (SUITE)

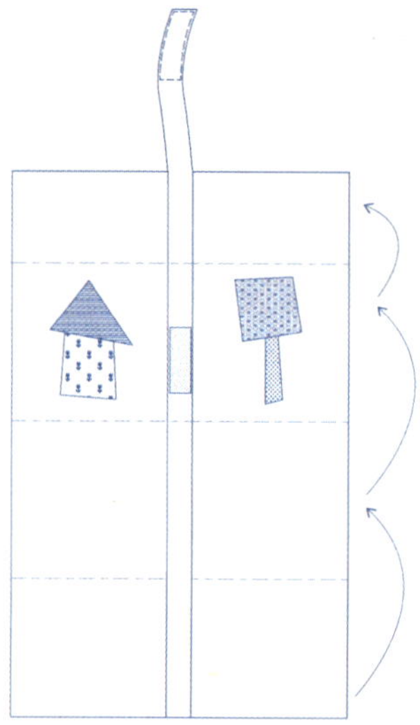

4 Pour l'extérieur :
• cousez, centré sur l'endroit du tissu extérieur, le ruban : l'une des extrémités est positionnée au bord du tissu, l'autre dépasse. Arrêtez la couture 1 cm avant le bord du tissu de ce même côté ;
• cousez un scratch sur le ruban, à 13 cm de ce même bord.

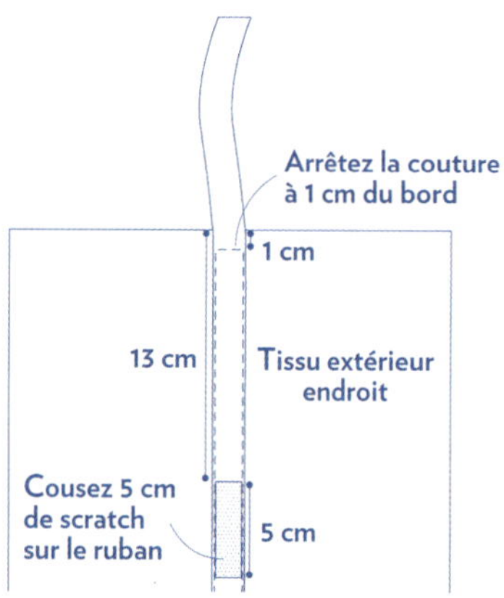

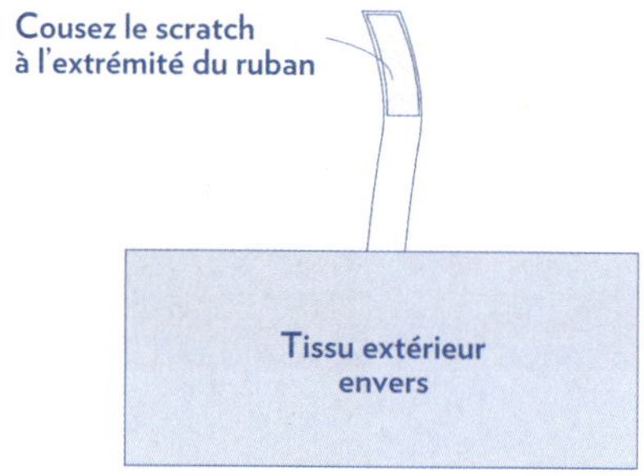

5 Cousez la maison et l'arbre :
• découpez chaque forme dans la triplure thermocollante et appliquez-la au fer sur la chute de tissu ;
• coupez le tissu qui dépasse ;
• positionnez les formes sur l'endroit du tissu, à la même hauteur que le scratch, en commençant par le bas de la maison et le tronc de l'arbre, et faites le tour au point zigzag (longueur de point très faible).

6 Assemblez l'intérieur et l'extérieur en piquant sur 3 côtés, endroit contre endroit.

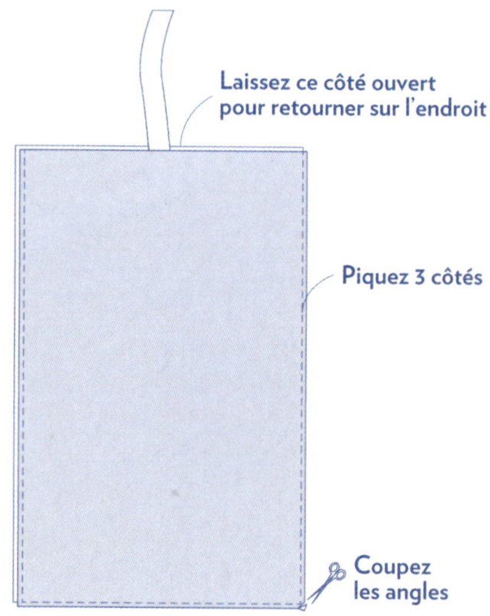

7 Retournez sur l'endroit, faites un repli de 1 cm vers l'intérieur et piquez pour fermer l'ouverture.

COUSSIN CHAT

Un petit coussin doudou, un chat maigrichon copain pour la nuit. C'est un chouette cadeau de naissance, original et qui suivra bébé pendant de longues années.

1 Cousez le chat sur le tissu uni :
• découpez la forme dans la triplure thermocollante et appliquez-la au fer sur le tissu ;
• coupez le tissu qui dépasse, positionnez le chat sur le rectangle de tissu uni et faites le tour au point zigzag.

2 Cousez le nez, les yeux et les moustaches :
• œil gauche et nez : découpez la forme dans de la feutrine et piquez tout autour au point droit ;
• moustaches : cousez 3 moustaches de chaque côté du nez en faisant quelques points au point droit ;
• yeux, nombril : choisissez le point zigzag de votre machine, et une longueur de point à 0.

3 Assemblez le devant et le dos du coussin, endroit contre endroit.

4 Coupez les angles, retournez le coussin sur l'endroit et fermez l'ouverture.

FOURNITURES

Chat en coton et triplure thermocollante (10 x 29 cm)
Tissu rectangle (25 x 39 cm)
Chute de feutrine

COUPE

Devant et dos : coupez dans chaque tissu un rectangle de 25 x 39 cm
Chat : 10 x 29 cm de coton et de triplure thermocollante
Œil : coupez un cercle de 2 cm de diamètre dans une chute de feutrine
Nez : coupez une forme triangulaire d'environ 5 mm de côté dans une chute de feutrine

HOUSSE DE COUETTE BÉBÉ

Un lit de bébé avec une petite couette, c'est vraiment mignon, mais on attend ses 18 mois au moins (aux plus petits, on fait une turbulette).

1 Cousez le lapin sur la bande de tissu uni :

• découpez la forme dans la triplure thermocollante et appliquez-la au fer sur le tissu ;

• coupez le tissu qui dépasse, positionnez le lapin sur le rectangle de tissu uni et faites le tour au point zigzag.

2 Faites un ourlet très large au bord de la bande de tissu uni et au bas du tissu fleuri.

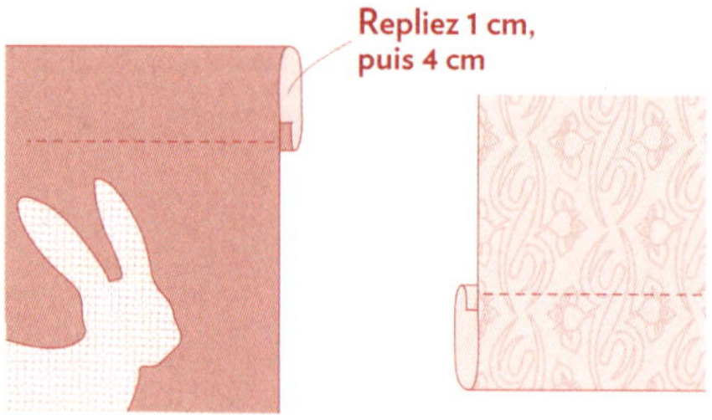

3 Assemblez les 2 devants avec le dos, endroit contre endroit.

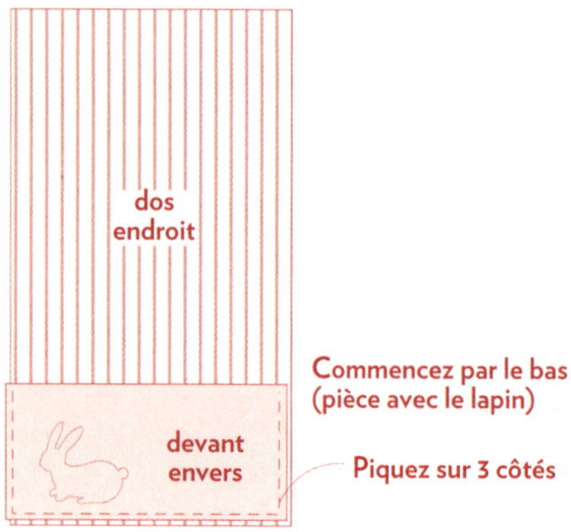

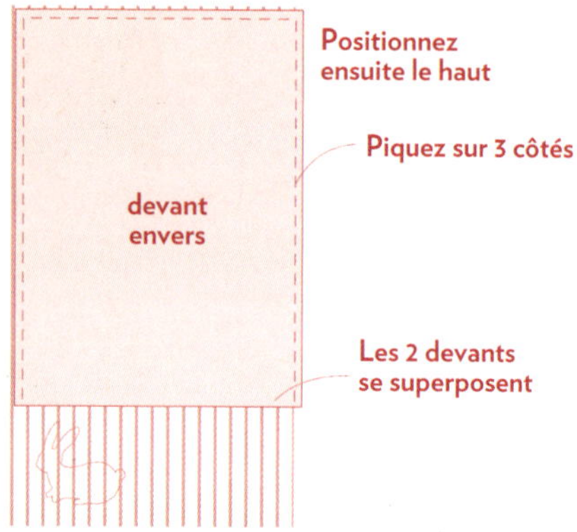

4 Retournez la couette sur l'endroit, cousez les boutonnières sur le bord de la bande de tissu uni. Cousez les boutons en vis-à-vis.

FOURNITURES ET COUPE

Mesurez votre couette, et prévoyez :

Dos : un rectangle de la taille de votre couette + 2 cm en largeur et en hauteur (ici : couette de 70 x 110 cm)

Devant haut : coupez un rectangle de même dimension que le dos (72 x 112 cm)

Devant bas : coupez un rectangle de même largeur que les autres x 1/3 de la hauteur (72 x 36 cm)

Lapin : prévoyez un morceau de tissu et de triplure thermocollante de 17 x 19 cm environ

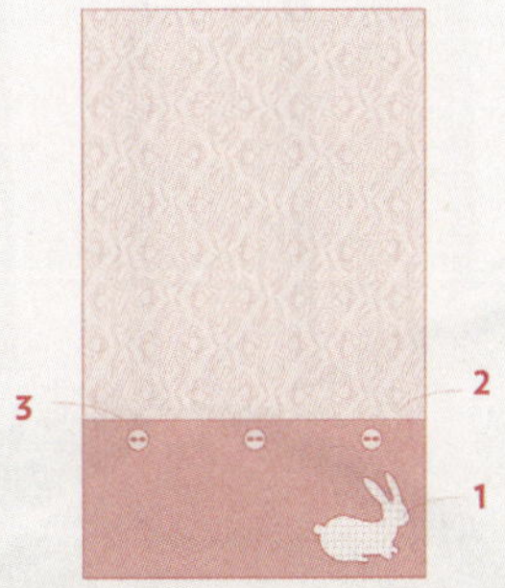

TURBULETTE DOUILLETTE

L'accessoire indispensable pour coucher les tout-petits. Très pratique, elle s'ouvre aux épaules et sur tout un côté.

1 Assemblez le haut et le bas de la turbulette, endroit contre endroit.

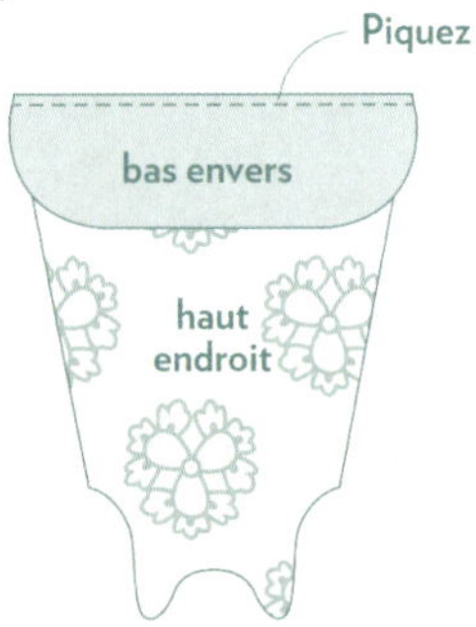

2 Assemblez chacune des 4 parties en tissu (turbulette devant et dos, doublure devant et dos) avec une épaisseur de ouate sur l'envers.

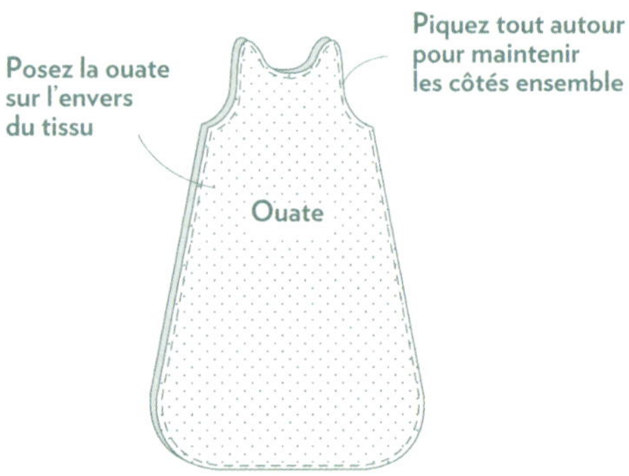

3 Montez la fermeture à glissière sur un des côtés : posez sur la table le devant de la turbulette, endroit vers vous. Positionnez dessus, sur le côté droit, la fermeture à glissière, endroit contre l'endroit du tissu (envers vers vous, donc). Puis posez par-dessus la doublure du devant, envers vers vous.

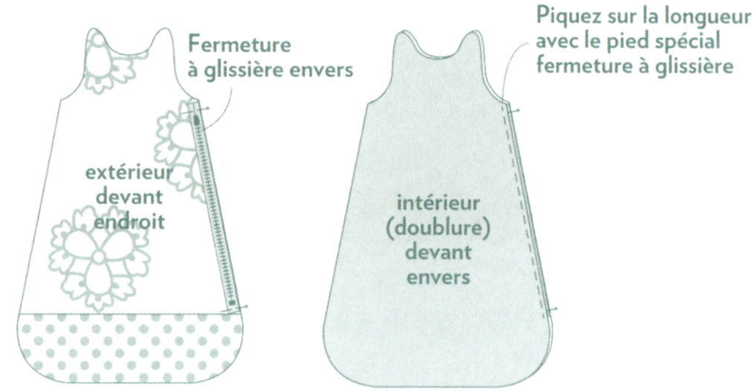

Cousez l'autre côté de la fermeture à glissière avec le dos de la turbulette et sa doublure (de la même manière, il faut poser devant vous le dos extérieur de la turbulette). Positionnez par-dessus, côté gauche, la fermeture à glissière, puis la doublure, côté ouate vers vous.

4 Assemblez, en haut, le devant et sa doublure, endroit contre endroit. Faites de même avec le dos et sa doublure. Crantez les arrondis.

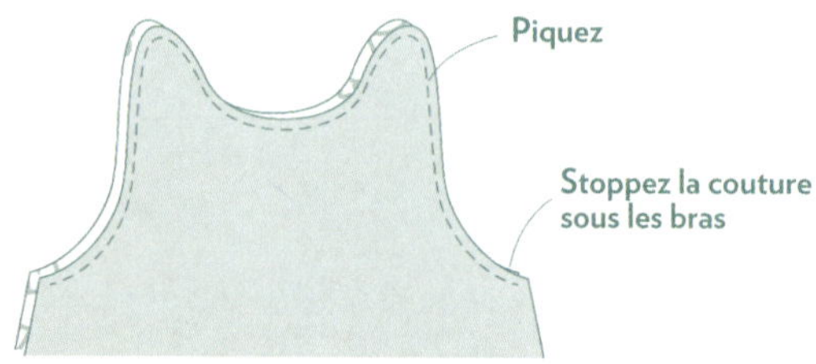

5 Assemblez les côtés et le bas de la turbulette :
• devant et dos de la turbulette (tissu extérieur), endroit contre endroit ;
• devant et dos de la doublure, endroit contre endroit également.
Laissez une ouverture de 30 cm en bas de la doublure. Retournez sur l'endroit et fermez l'ouverture en bas de la doublure.

6 Mettez les boutons pressions en haut des bretelles.

TAILLES 0-6 MOIS / 6-24 MOIS

FOURNITURES

60 / 75 cm de tissu pour l'extérieur
70 / 90 cm de tissu pour la doublure
20 cm de tissu pour l'empiècement en bas
90 / 180 cm de ouate en 140 cm de large
1 fermeture à glissière de 35 / 50 cm
2 pressions à riveter métalliques (éviter les boutons ou les pressions cousues, qui peuvent être arrachées)

COUPE

Devant haut : coupez 1 fois dans le tissu extérieur
Dos haut : coupez 1 fois dans le tissu extérieur
Bas : coupez 2 fois
Devant : coupez 1 fois dans la doublure + 2 fois dans la ouate
Dos : coupez 1 fois dans la doublure + 2 fois dans la ouate

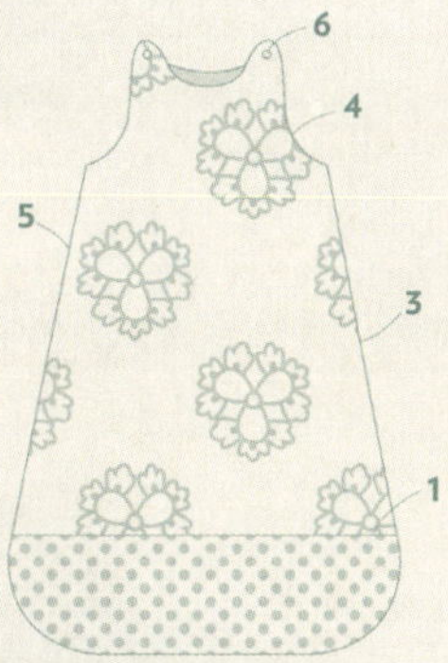

TOUR DE LIT

Pour lit à barreaux standard (120 x 60 cm).
Ce tour de lit à 3 pans est molletonné, on le fixe aux barreaux grâce à des liens.
Il ne fait qu'un demi-tour, pour que bébé puisse voir le monde autour de son lit, mais si vous préférez faire un tour complet, préparez 6 pans de 60 cm (soit une longueur totale de 3,60 m).

1 Préparez vos liens :

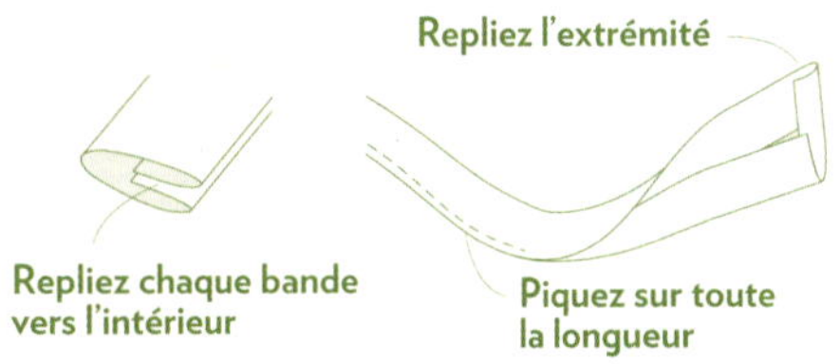

2 Assemblez les 3 pans de chaque face, endroit contre endroit.

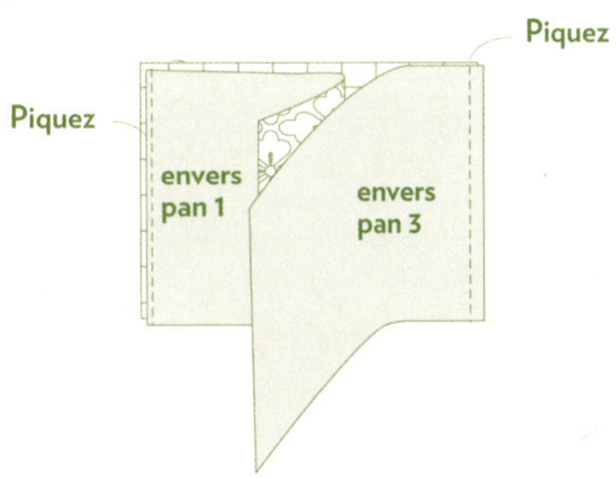

3 Assemblez les 2 faces du tour de lit :
• posez à plat la face B, endroit vers vous ;
• par-dessus, posez la face A, endroit contre l'endroit de la face B (envers vers vous, donc) ;
• à chaque intersection (4 coins + 4 coutures), glissez 2 liens entre les 2 épaisseurs de tissu ;
• par-dessus l'ensemble, positionnez le morceau de ouate (en un seul tenant). Épinglez ensemble toutes les épaisseurs ;
• piquez tout autour, en laissant une ouverture de 40 cm en bas ;
• renforcez les coutures au niveau des liens (piquez une seconde fois).

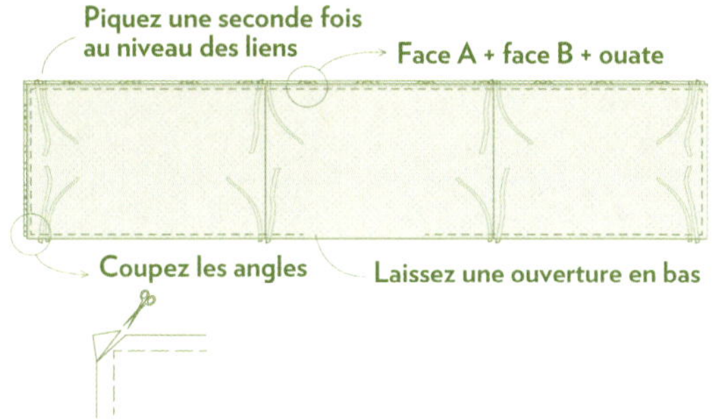

4 Retournez sur l'endroit. En bas, faites un repli de 1 cm vers l'intérieur et cousez pour fermer l'ouverture.

FOURNITURES ET COUPE (POUR 3 PANS)

16 liens : 16 rectangles de 3,5 x 25 cm
[ou 4 m de ruban (16 x 25 cm)]

1,82 m de molleton hypoallergénique
(vendu au mètre)

PETIT BAVOIR

Pour les tout-petits qui bavouillent juste un peu de lait, de compote...

1 Assemblez le haut et le bas du bavoir en coton, endroit contre endroit.

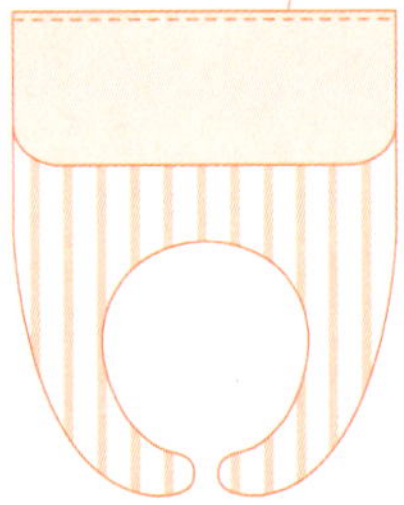

2 Assemblez le bavoir en coton et sa doublure en éponge, endroit contre endroit.

3 Crantez les arrondis, puis retournez le bavoir sur l'endroit.

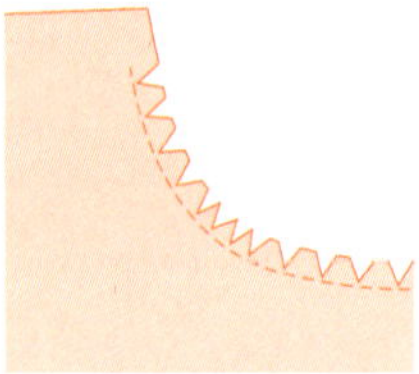

4 En bas, faites un repli de 1 cm vers l'intérieur et cousez pour fermer l'ouverture.

5 Cousez les 2 parties de scratch en vis-à-vis (un sur l'endroit, l'autre sur l'envers du bavoir), aux extrémités des lanières d'encolure.

FOURNITURES

28 x 30 cm de coton imprimé pour le haut
28 x 10 cm de coton imprimé pour le bas
28 x 36 cm de tissu-éponge
2 cm de scratch

COUPE

Bavoir : coupez 1 fois dans le tissu-éponge
Haut : coupez 1 fois dans le coton rayé
Bas : coupez 1 fois dans le coton imprimé

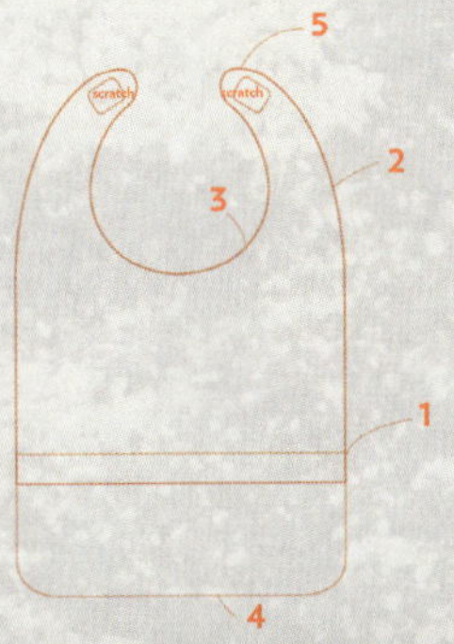

GRAND BAVOIR

Pour les plus grands, ceux qui veulent manger tout seuls (mais qui font quelques dégâts, parfois).

1 Cousez une bande de biais tout autour du bavoir, sauf au niveau de l'encolure.

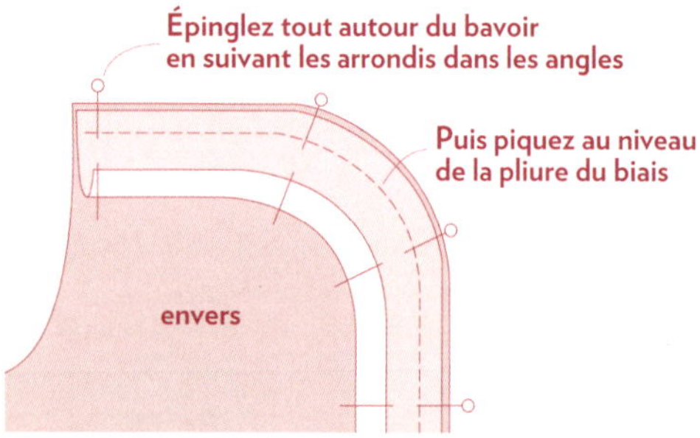

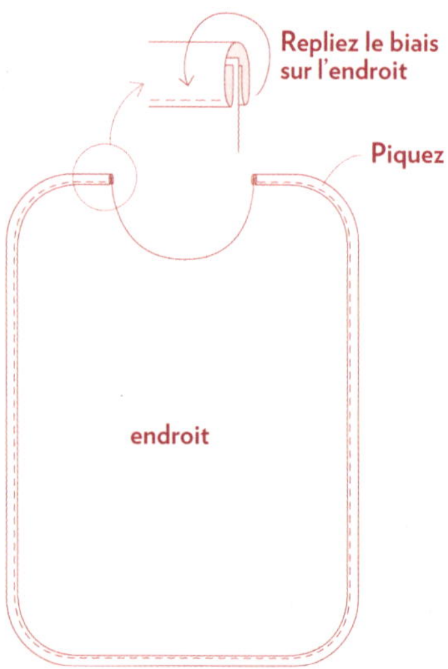

2 Cousez le biais d'encolure.

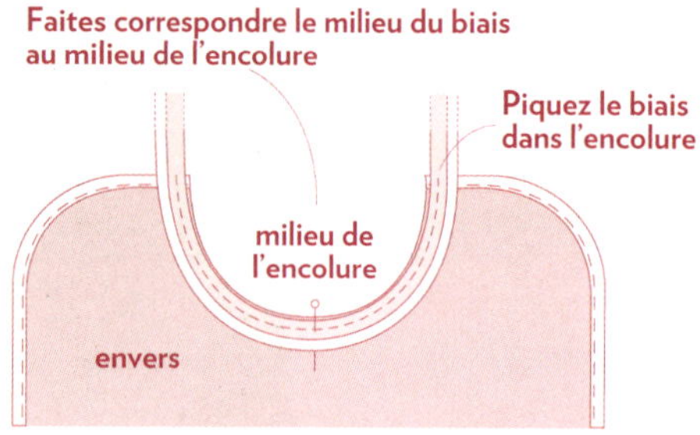

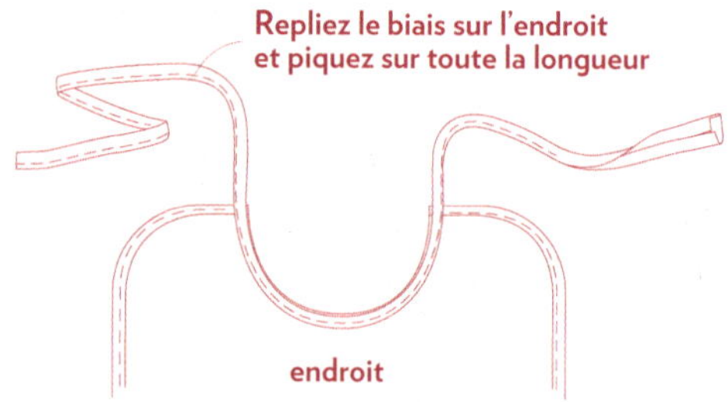

3 Cousez les couverts sur le bavoir :

• découpez chaque forme dans la triplure thermocollante et appliquez-la au fer sur le tissu ;

• coupez le tissu qui dépasse, positionnez la forme sur le bavoir et faites le tour au point zigzag.

FOURNITURES

28 x 36 cm de tissu-éponge
2,1 m de biais
10 cm de triplure thermocollante
3 chutes de coton imprimé pour les couverts

COUPE

Bavoir : coupez une fois dans le tissu-éponge

Biais : coupez 1,1 m pour le tour du bavoir + 1 m pour le cordon d'encolure

Couverts : coupez une fois chaque forme dans la triplure

COUSSIN DE CHAISE HAUTE

Un coussin bien rembourré pour le confort, et en toile enduite pour nettoyer facilement les dégâts.

1 Assemblez le devant et le dos des deux côtés, endroit contre endroit, sans oublier d'intégrer les liens dans la couture.

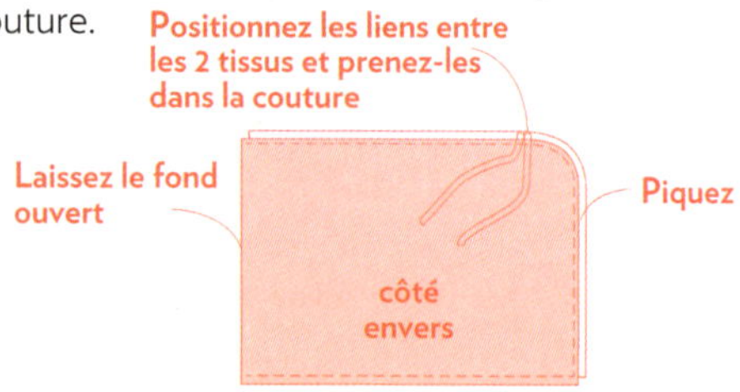

2 Coupez les angles et crantez les arrondis, puis retournez chaque partie.
Garnissez-les de ouate.

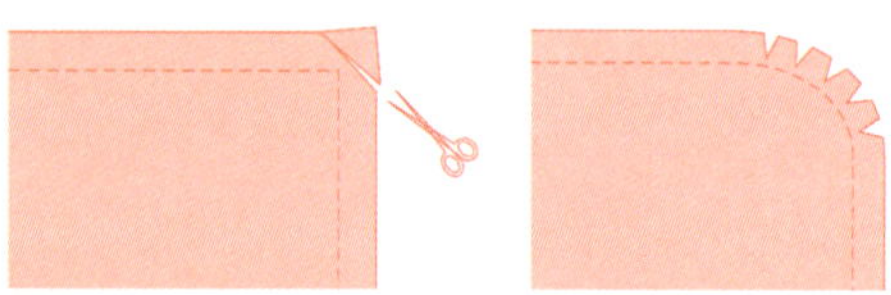

3 Assemblez le devant et le dos du dossier, endroit contre endroit. Intégrez les liens dans la couture, ainsi que les deux côtés.
Coupez les angles, puis retournez.

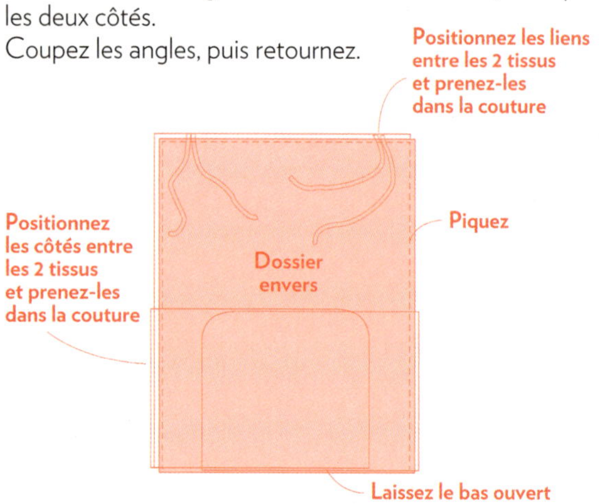

4 Garnissez de ouate et cousez l'ouverture en bas (il n'est pas nécessaire d'effectuer un repli, car la toile enduite ne s'effiloche pas).

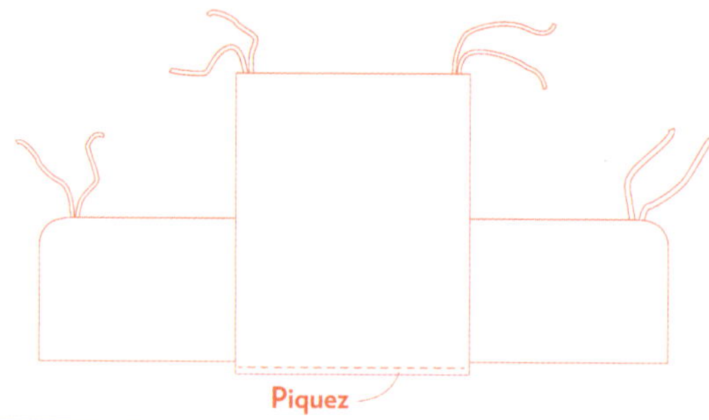

5 Assemblez le devant et le dos de l'assise, endroit contre endroit.
Coupez les angles, puis retournez.

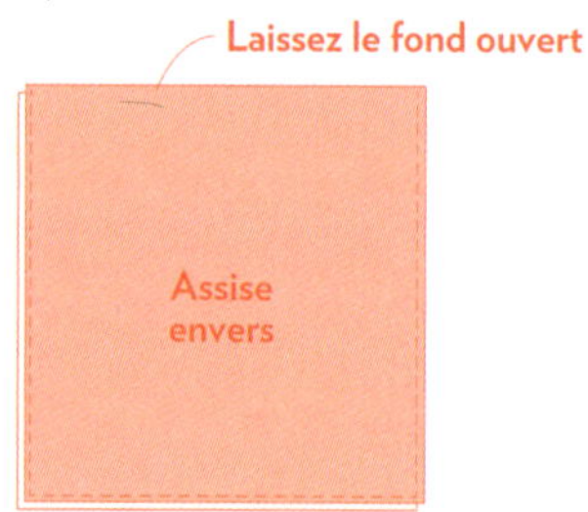

6 Garnissez de ouate et cousez l'ouverture.

7 Assemblez l'assise et le dossier en cousant les deux parties ensemble sans oublier les liens.

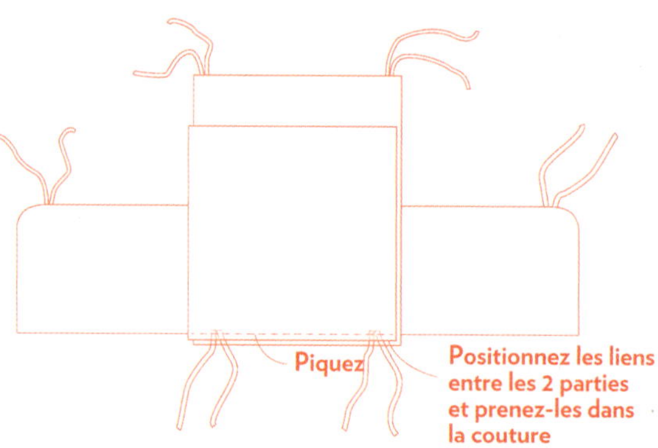

FOURNITURES

50 cm de toile enduite en 140 cm de large
3 m de ruban (12 liens x 25 cm)

COUPE

Dossier : coupez 2 rectangles de 33 x 39 cm
Assise : coupez 2 rectangles de 33 x 28 cm
Côtés : coupez 4 rectangles de 26 x 18 cm et arrondissez un des angles

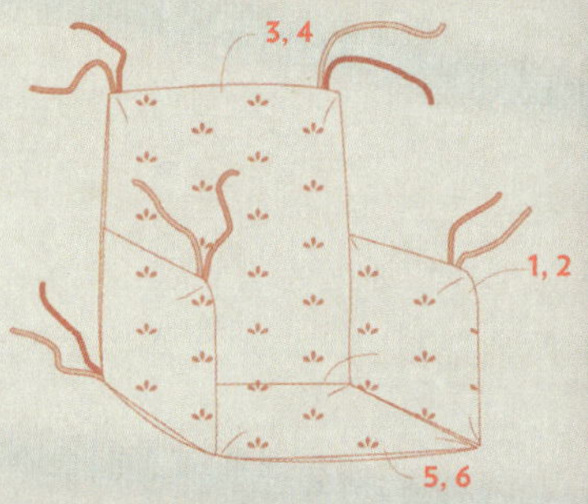

CAPE DE BAIN

Une grande serviette de bain à capuche, indispensable. Son grand format permet de l'utiliser pendant quelques années.

1 Cousez ensemble les 2 triangles de la capuche à quelques millimètres des bords, face du coton imprimé visible.

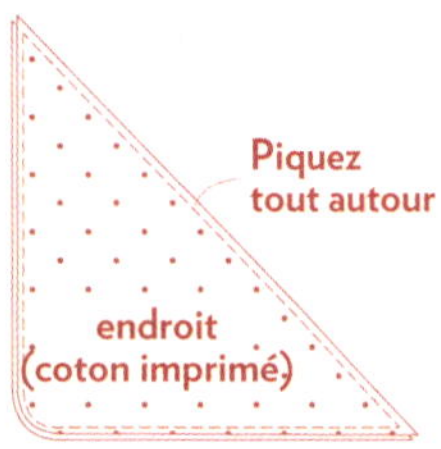

2 Cousez une bande de biais sur le côté le plus long du triangle.

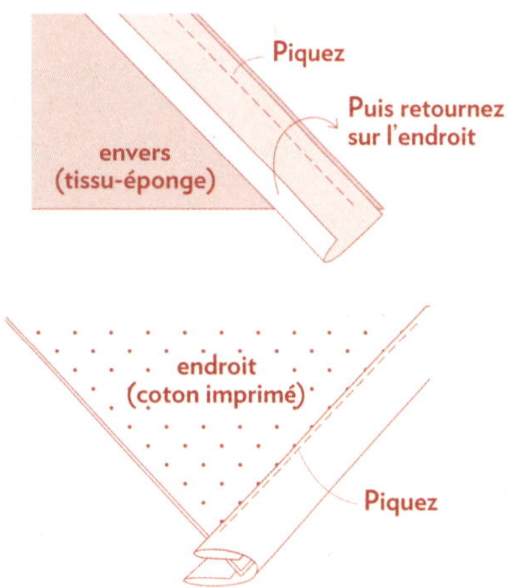

3 Positionnez la capuche sur la serviette et cousez une bande de biais tout autour, en incluant la capuche.

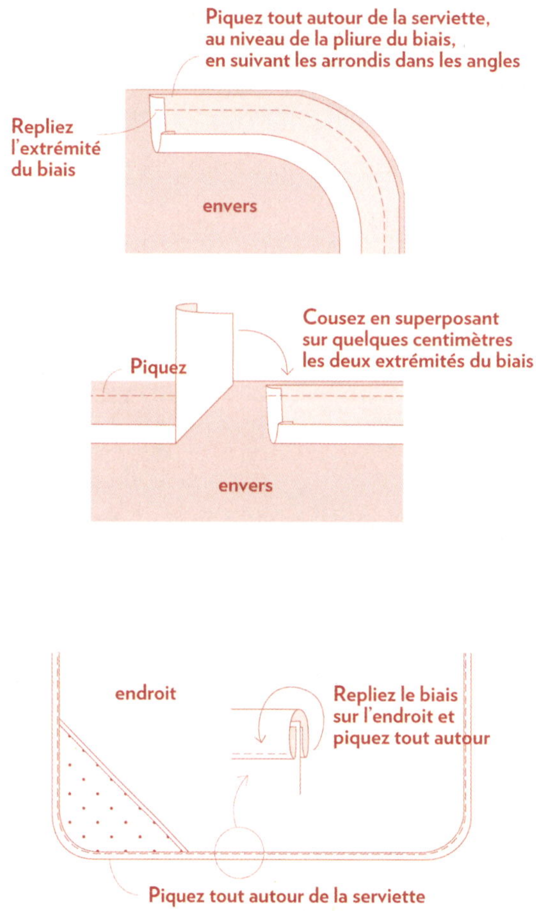

FOURNITURES

30 cm de coton imprimé pour la capuche
4,5 m de biais
1 m de tissu-éponge en 140 cm de large

COUPE

Serviette : coupez 1 carré de 1 m de côté dans le tissu éponge, arrondissez les angles

Capuche : coupez 1 triangle rectangle de 28 cm de côté dans le tissu-éponge et 1 dans le coton imprimé, arrondissez l'angle droit de la même manière que la serviette

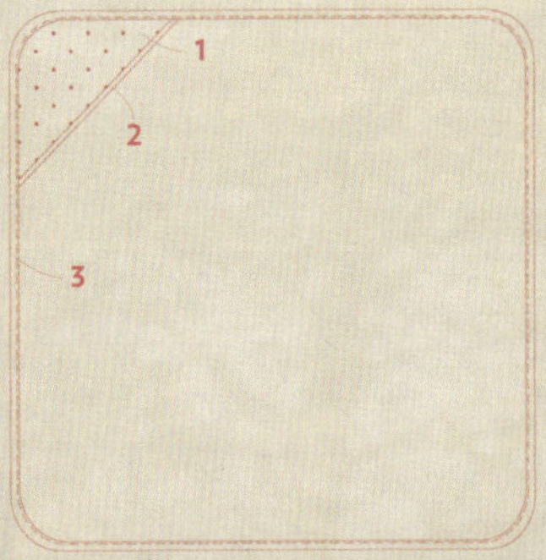

GANT ET MANIQUE POUR LA DÎNETTE

C'est pas que pour les filles !

1 Assemblez le dos et le devant de chaque gant, endroit contre endroit.
Cousez les épaisseurs de ouate avec le gant extérieur.

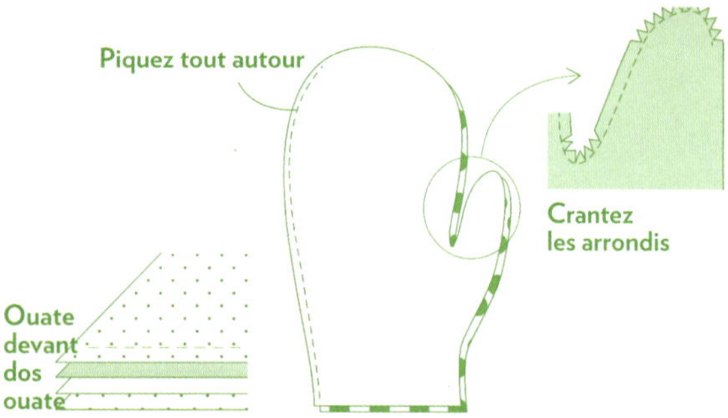

2 Retournez sur l'endroit le gant extérieur, et glissez la doublure à l'intérieur.

3 Cousez le biais au niveau du poignet.

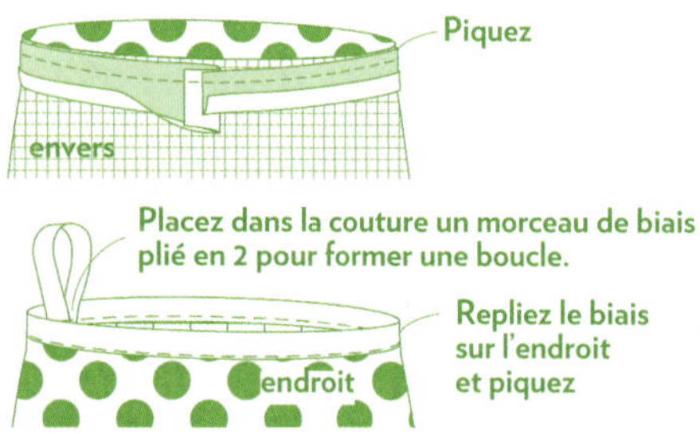

4 Pour la manique, placez l'épaisseur de ouate en sandwich entre les deux épaisseurs de tissu et piquez tout autour.

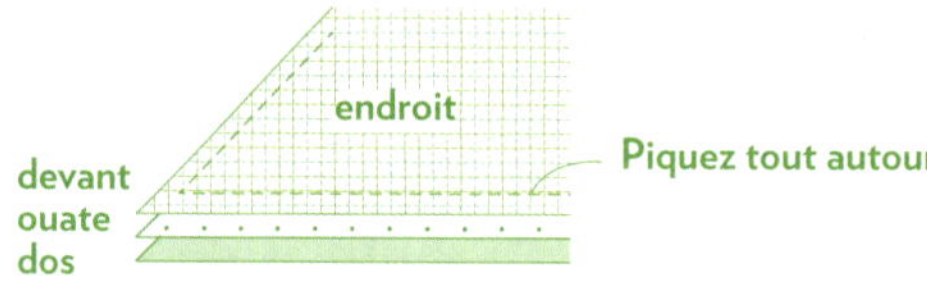

5 Cousez le biais autour de la manique.

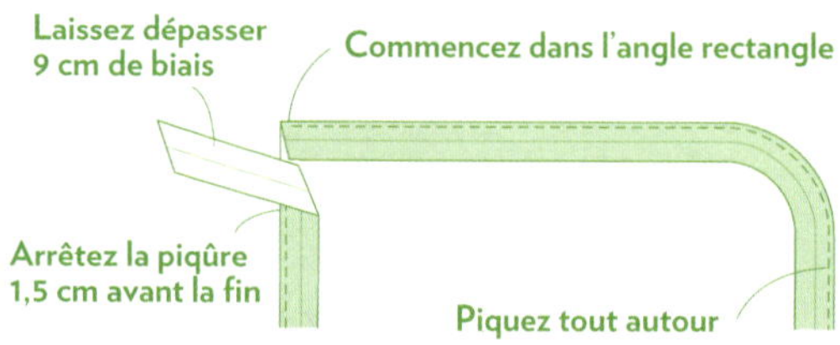

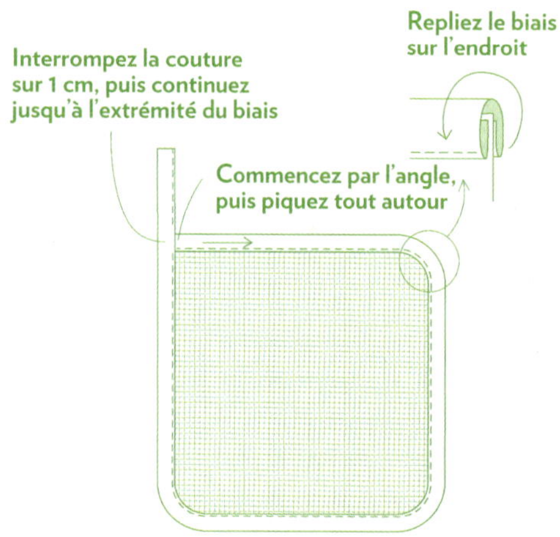

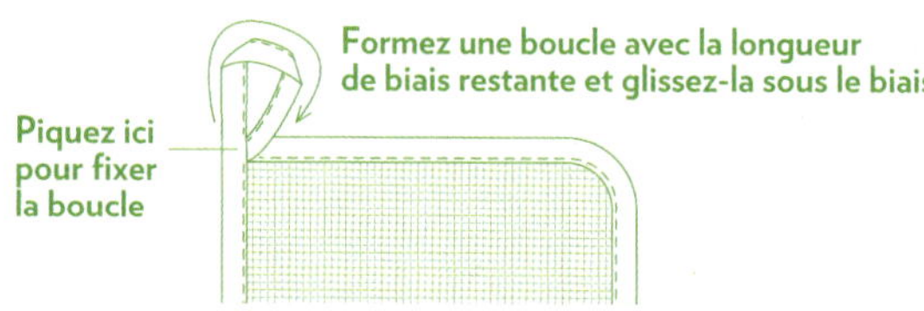

FOURNITURES ET COUPE

Manique :

Tissu + ouate : coupez 2 carrés de tissu et 1 carré de ouate de 16 x 16 cm, arrondissez les angles

75 cm de biais

Gant :

20 x 30 cm de tissu extérieur : coupez 2 fois la forme

20 x 30 cm de tissu intérieur : coupez 2 fois la forme

20 x 30 cm de ouate : coupez 2 fois la forme

35 cm de biais

SAC DE PETITE FILLE

Un minisac à main pour jouer à la grande, facile et rapide à faire, c'est le succès assuré !

1 Cousez les pinces sur les 4 morceaux du bas : pliez le tissu endroit contre endroit au niveau des pointillés, puis cousez le long du repère.

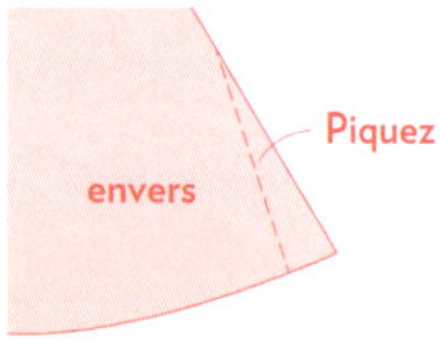

2 Assemblez devant et dos endroit contre endroit, dans le tissu extérieur et dans la doublure.
Retournez sur l'endroit le sac en tissu extérieur, et glissez la doublure à l'intérieur.
Repliez le bord d'1 cm sur l'envers de chaque tissu, et marquez le pli au fer.

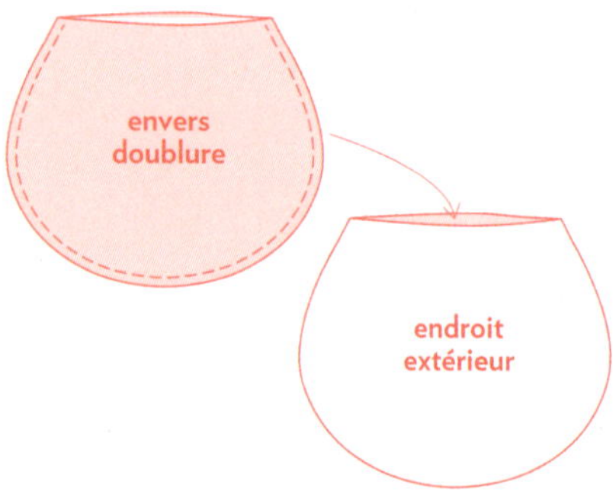

3 Assemblez les parties intérieure et extérieure du rabat, endroit contre endroit.
Retournez sur l'endroit.

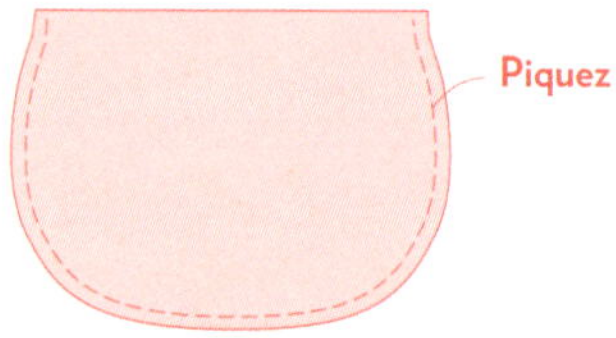

4 Glissez le bord non cousu du rabat entre la doublure et le tissu extérieur du dos du sac.
Glissez les extrémités de la lanière de chaque côté du rabat et cousez tout autour de l'ouverture du sac.

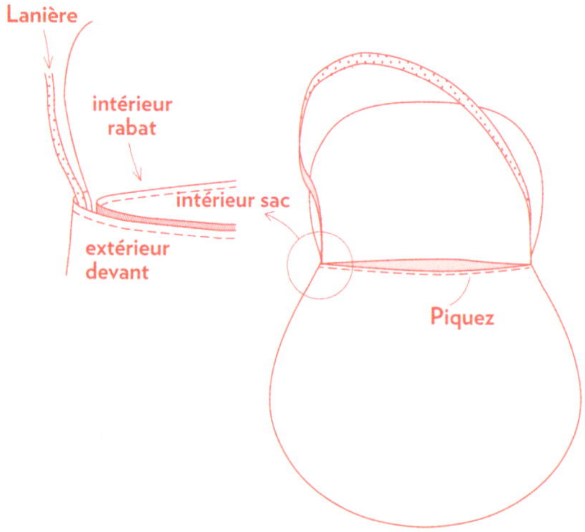

5 Cousez la boutonnière sur le rabat et le bouton en vis-à-vis.

FOURNITURES

Tissu extérieur : environ 20 x 45 cm
Doublure : environ 20 x 45 cm
Lanière : ruban gros grain, longueur à ajuster en fonction de l'âge (80 cm pour une petite fille de 3 ans)
1 bouton

COUPE

Sac : coupez 2 fois dans chaque tissu
Rabat : coupez 1 fois dans chaque tissu

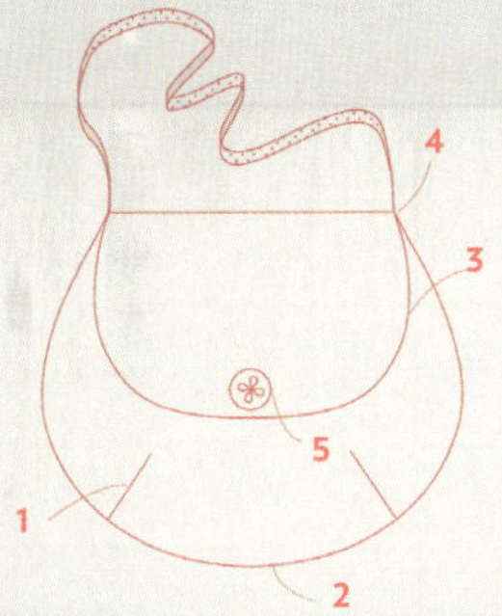

LES JOLIS PETITS VÊTEMENTS

JUPE À POCHES

C'est une jupe froncée toute simple, à laquelle on rajoute de grandes poches à remplir de trésors.

1 Posez le biais sur le bord des poches.

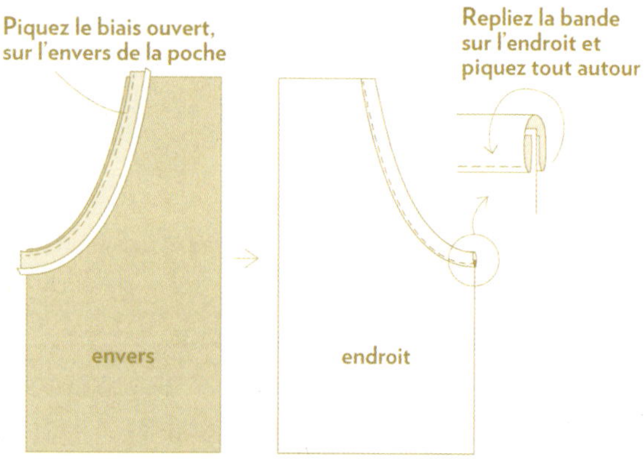

2 Cousez les poches sur la jupe.

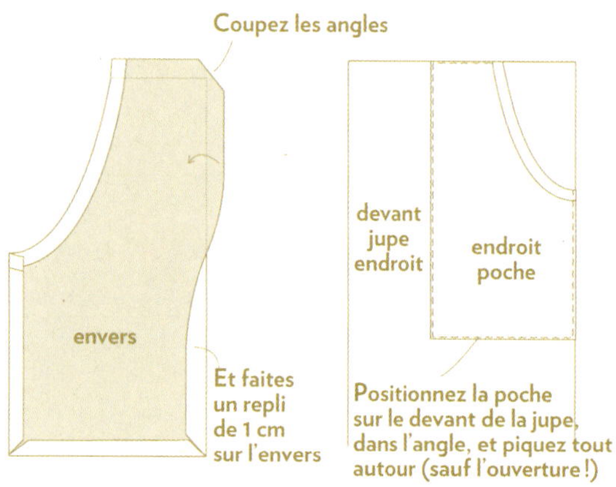

3 Assemblez le devant et le dos, endroit contre endroit.

4 Posez le biais à la taille, afin de former une coulisse pour l'élastique.

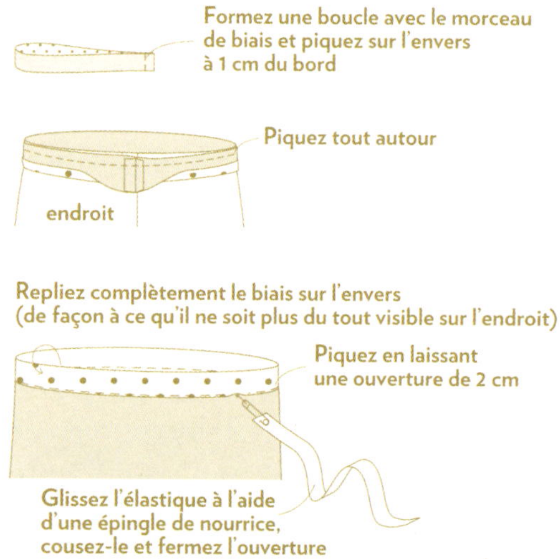

5 Ourlez le bas de la jupe.

TAILLES 2 / 4 / 6 ANS

FOURNITURES

Lainage pour l'hiver, lin souple ou coton fin pour l'été : 28 / 33 / 40 cm

La bordure des lins et des lainages est souvent très jolie, si vous voulez l'utiliser comme bordure au lieu de faire un ourlet, réduisez la hauteur de 2,5 cm ; cependant, il vous faudra plus de tissu car vous devrez le couper dans l'autre sens ; comptez alors 58 / 62 / 66 cm de tissu

Biais (taille + poches) : 141 / 151 / 161 cm

Élastique de 1,5 cm de large : 46 / 51 / 56 cm

COUPE

Jupe (devant et dos identiques) : coupez 2 rectangles de 28 x 58 / 33 x 62 / 40 x 66 cm

Poches : coupez 2 fois

Biais : coupez 12,5 / 13,5 / 14,5 cm pour chaque poche + 58 / 62 / 66 cm pour la taille

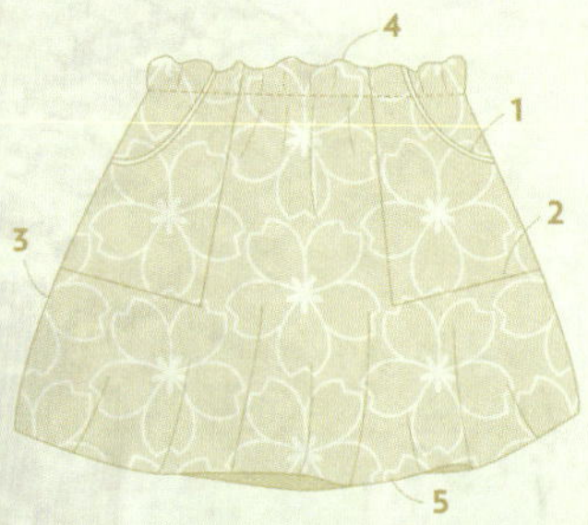

PETITE ROBE D'ÉTÉ

Une chouette petite robe très simple à faire, légère, légère… Moins de 25°C, s'abstenir !

1 Ourlez les emmanchures et la fente d'encolure.

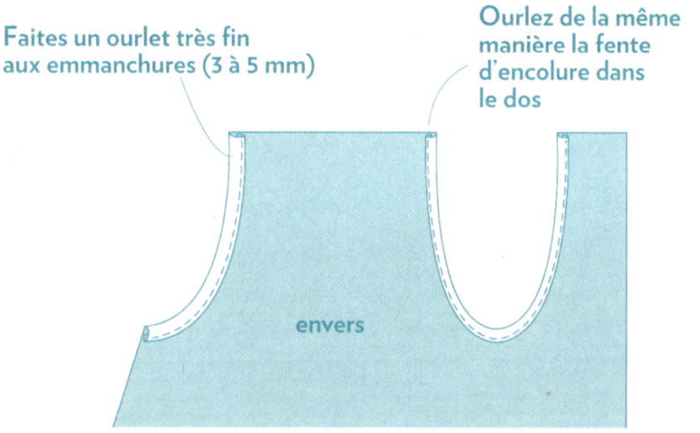

2 Formez la coulisse.

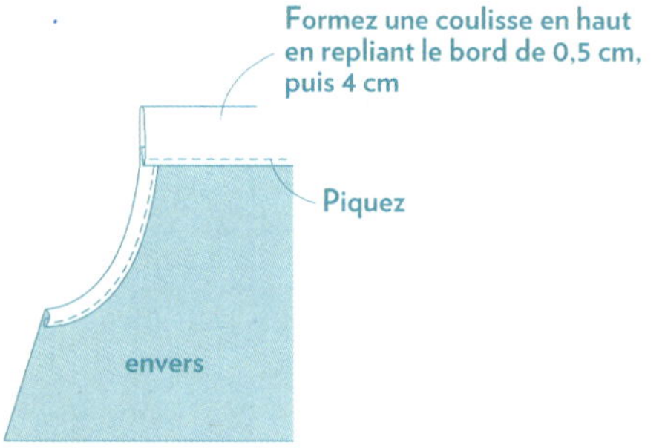

3 Assemblez le devant et le dos, endroit contre endroit.

4 Faites un ourlet en bas de la robe.

5 Passez le ruban dans la coulisse à l'aide d'une épingle de nourrice, en commençant par le milieu du dos.

TAILLES 2 / 4 / 6 ANS

FOURNITURES

Tissu léger et fluide 50 cm / 1,20 m / 1,30 m
Ruban pour former les fronces et
les bretelles : 1,30 m

COUPE

Devant : coupez 1 fois en double
sur la pliure
Dos (même patron que le devant,
en ajoutant la fente) : coupez 1 fois
en double sur la pliure

TUNIQUE D'ÉTÉ FRONCÉE

Rapide à faire, elle est craquante sur les petits bras potelés ! Et sur les autres aussi…

1 Cousez le biais d'encolure.

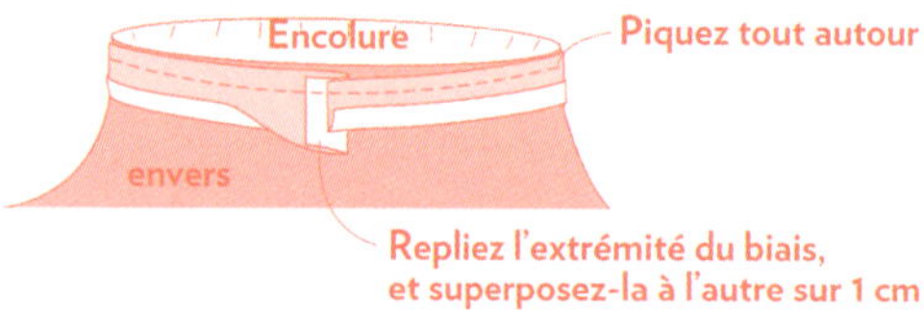

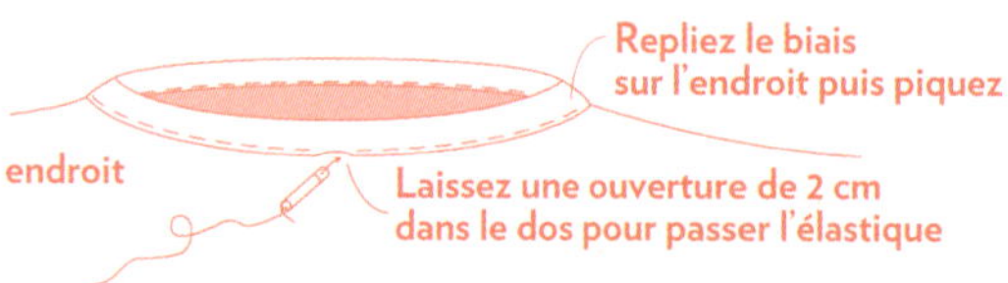

2 Pliez le tissu en 2, endroit contre endroit, et cousez les côtés.

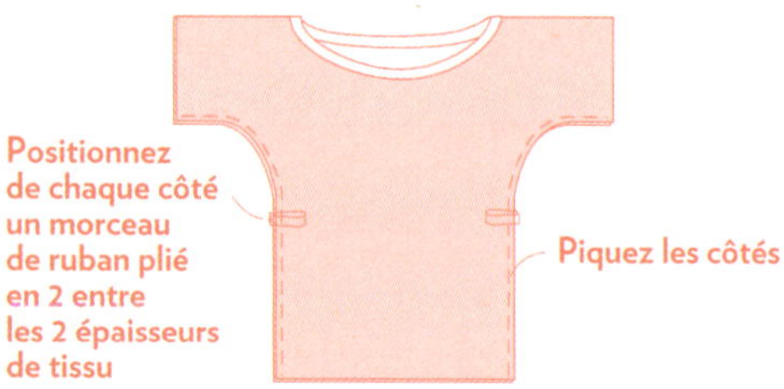

3 Cousez les biais d'emmanchures : de la même manière que pour l'encolure, cousez une première fois le biais déplié sur l'envers de la tunique, puis repliez sur l'endroit et piquez tout autour, en laissant une ouverture pour y glisser l'élastique.

4 Faites un ourlet en bas de la tunique.

5 Passez la ceinture dans les passants.

TAILLES 2 / 4 / 6 ANS

FOURNITURES

Voile de coton : 60 x 95 cm / 65 x 100 cm / 70 x 105 cm (attention, le montage en une seule pièce impose d'utiliser un tissu dont le motif n'a pas de sens)
Biais : 1,5 / 1,7 / 1,9 m
Élastique fin : 90 / 90 / 100 cm
Ruban gros grain (5 mm de large) : 110 / 120 / 130 cm

COUPE

Tunique : coupez 1 fois en double sur la pliure
Biais : coupez 73 / 86 / 100 cm pour l'encolure + 36 / 39 / 41 cm pour chaque manche
Élastique fin : coupez 41 / 43 / 45 cm pour l'encolure + 21 / 22 / 23 cm pour chaque manche
Ruban : coupez 4,5 cm pour chaque passant + 95 / 105 / 115 cm pour la ceinture

TUNIQUE MIXTE

Un basique, été comme hiver. Son encolure lui donne un petit air de vareuse, sa forme droite convient aux garçons comme aux filles, à vous de choisir les tissus qui leur plairont !

1 Assemblez le devant et le dos de l'encolure, puis le devant et le dos de la tunique par les coutures d'épaule, endroit contre endroit.

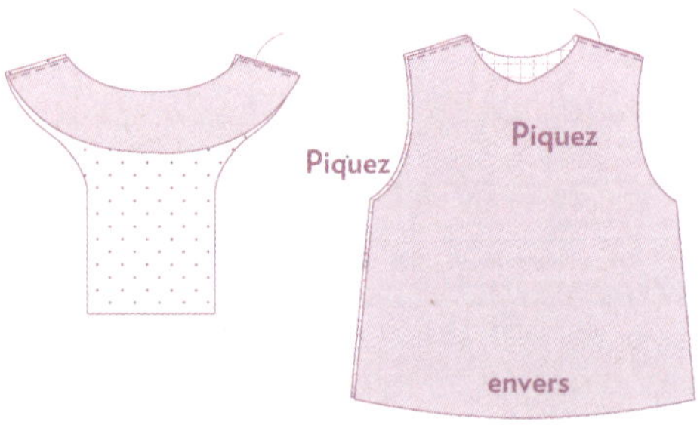

2 Positionnez l'encolure, endroit contre envers de la tunique, et piquez tout autour du cou et sur les côtés de la fente, à 2 mm du bord.

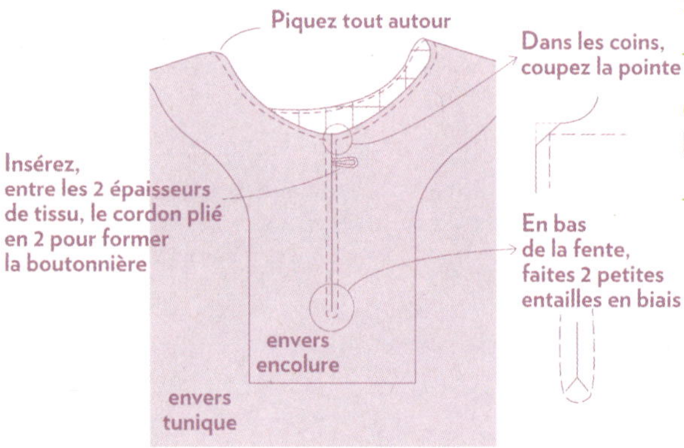

Retournez l'encolure sur l'endroit de la tunique.
Faites un repli de quelques millimètres sur les bords et piquez tout autour.

3 Cousez les manches sur la tunique (voir explication détaillée page 7).

4 Cousez les côtés et le dessous des manches, endroit contre endroit, en une seule couture.

5 Ourlez les bas des manches et de la tunique.

6 Cousez le bouton sur l'encolure, en vis-à-vis de la boutonnière.

TAILLES 2 / 4 / 6 ANS

FOURNITURES

45 / 50 / 85 cm de tissu en 140 cm de large pour la tunique
25 x 30 cm de tissu pour l'encolure
5 cm de cordon pour former la boutonnière (queue de rat)
1 bouton

COUPE

Devant : coupez 1 fois en double sur la pliure
Dos : coupez 1 fois en double sur la pliure
Manches : coupez 2 fois
Encolure devant : coupez 1 fois en double sur la pliure
Encolure dos : coupez 1 fois en double sur la pliure

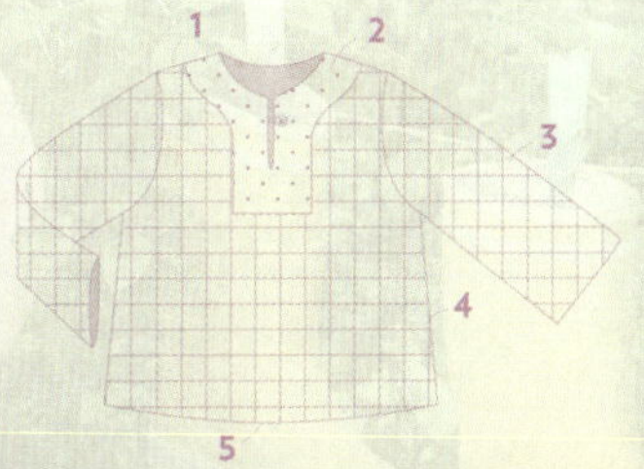

SAROUEL À GENOUX

Un petit pantalon très confortable qui donne un look d'enfer ! L'été, on peut retrousser le bas...

1 Cousez les genoux :
• découpez la forme dans la triplure thermocollante et appliquez-la au fer sur le tissu ;
• coupez le tissu qui dépasse, positionnez le genou sur le sarouel et faites le tour au point zigzag.

2 Assemblez les deux côtés du sarouel endroit contre endroit, par le milieu.

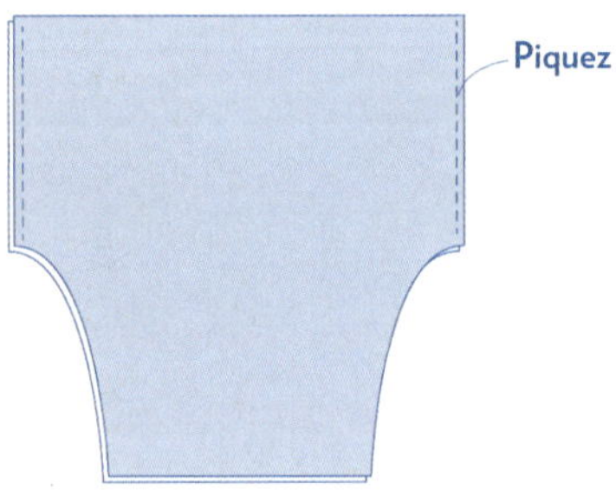

3 Cousez ensuite l'entrejambe, endroit contre endroit, en alignant bien les coutures du milieu devant et milieu dos.

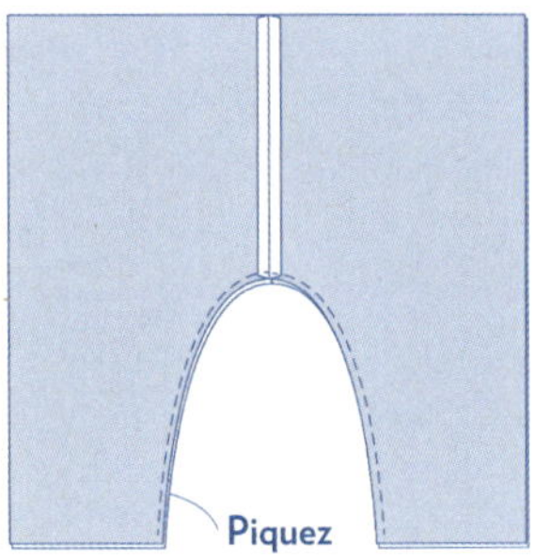

4 Ourlez le bas des jambes.

5 Formez une coulisse à la taille pour y passer un élastique.

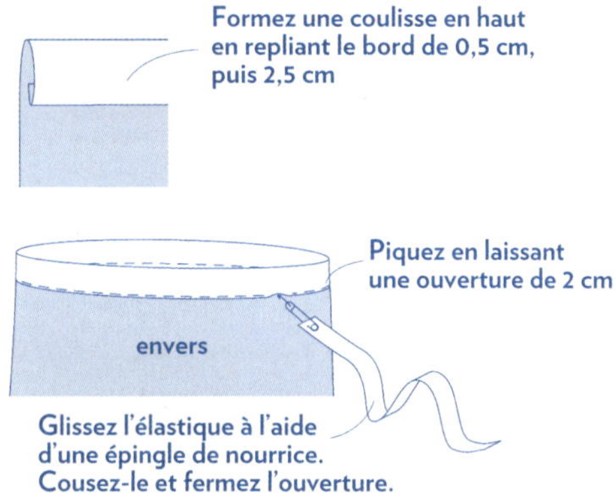

TAILLES 2 / 4 / 6 ANS

FOURNITURES

55 / 65 / 70 cm de lin
2 chutes de tissu pour les genoux
2 morceaux de triplure thermocollante fine de la même taille
46 / 51 / 56 cm d'élastique de 1,5 cm de large

COUPE

Jambes : coupez 2 fois
Genoux : coupez 2 fois

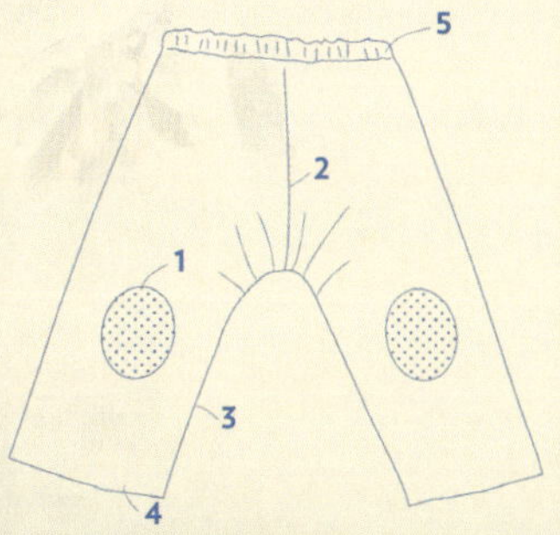

BLOUSE

Pour faire de la peinture, des gâteaux... ou à porter au quotidien pour un petit air rétro.

1 Cousez les poches sur le devant.

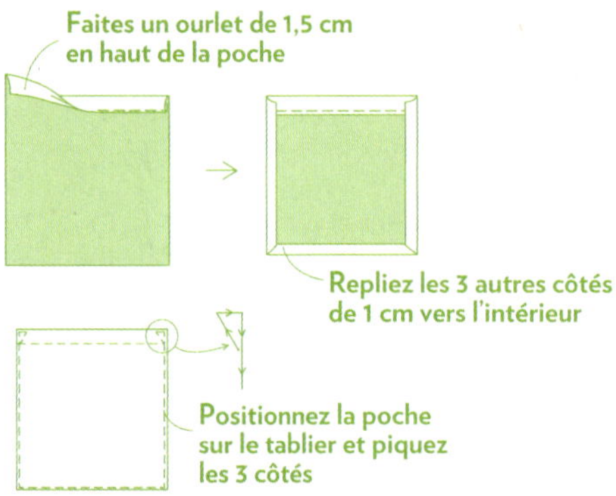

2 Assemblez le devant et les dos par les coutures d'épaule, endroit contre endroit.

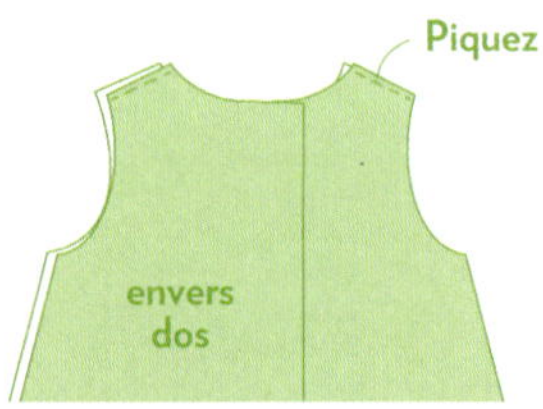

3 Ourlez les deux parties du dos.

4 Posez le biais d'encolure.

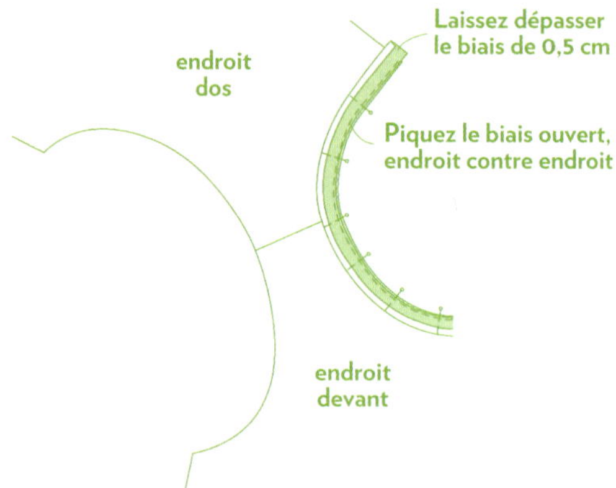

5 Cousez les manches sur le tablier.

6 Cousez les côtés et le dessous des manches, endroit contre endroit, en une seule couture.

7 Ourlez le bas des manches et laissez une ouverture de 1,5 cm pour y glisser un élastique à l'aide d'une épingle de nourrice.

8 Ourlez le bas du tablier.

9 Cousez les boutonnières aux emplacements indiqués et les boutons en vis-à-vis.

TAILLES 2 / 4 / 6 ANS

FOURNITURES

60 / 100 / 110 cm de tissu en 140 cm de large, à choisir en fonction des activités : coton enduit pour une blouse de cuisine ou de peinture, toile de coton pour une blouse moins « tout-terrain » (pâte à modeler, feutre...) ou même un beau lin pour une blouse à porter comme un vêtement
30 x 15 cm de tissu pour les poches
60 cm de biais pour l'encolure
2 boutons

COUPE

Devant : coupez 1 fois en double
Dos : coupez 2 fois
Manches : coupez 2 fois
Poches : coupez 2 rectangles de 13,5 x 14,5 cm

GILET MOLLETONNÉ SANS MANCHES

Ce gilet au look rétro est adorable, à porter sur un petit sous-pull...

1 Assemblez le devant et le dos de chaque tissu, endroit contre endroit, au niveau des épaules. Fixez préalablement l'épaisseur de la ouate avec le tissu extérieur en piquant tout autour de chacune des pièces.

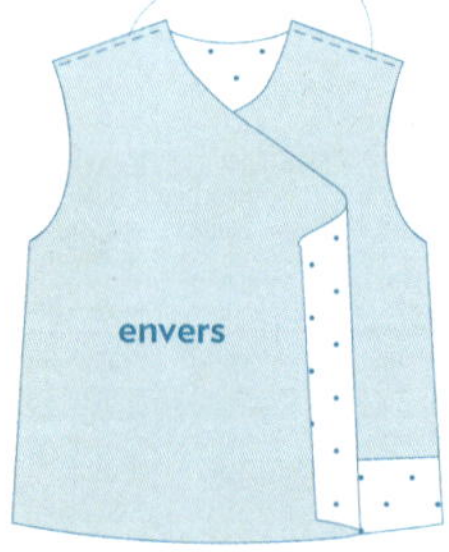

2 Assemblez l'intérieur et l'extérieur, endroit contre endroit : cousez l'encolure, les emmanchures et les côtés des devants.

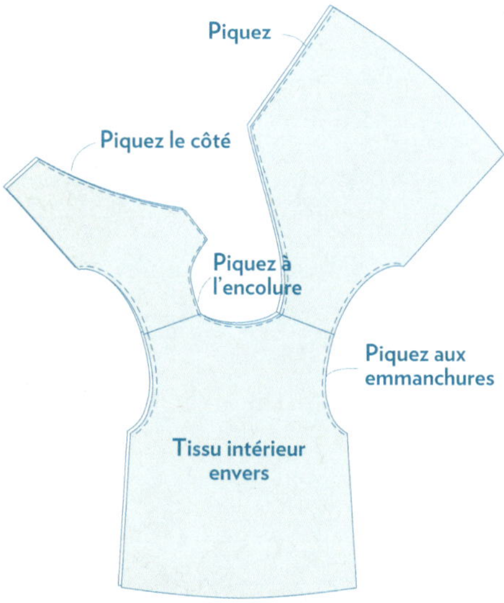

3 Retournez le gilet sur l'endroit : faites passer les devants entre les deux tissus, puis passez par les épaules.

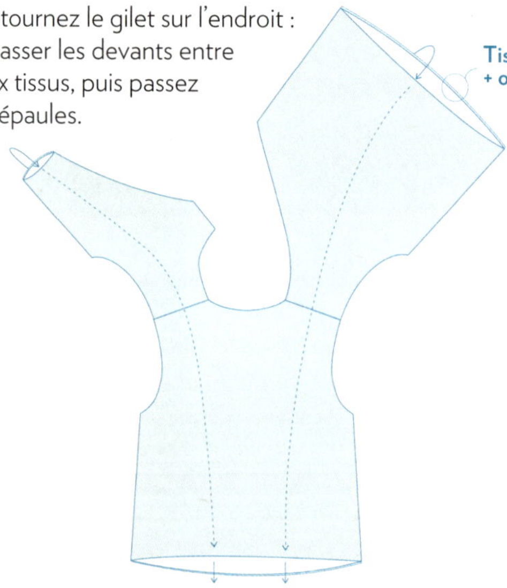

4 Cousez le bas du gilet, endroit contre endroit (dos, devant droit et devant gauche), et retournez le devant droit (le petit) sur l'endroit.

5 Fermez le côté droit (du côté du petit devant)

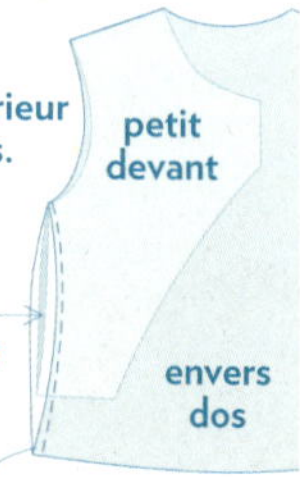

6 Fermez le côté gauche : commencez par assembler le devant et le dos dans le tissu extérieur, endroit contre endroit. Retournez le gilet sur l'endroit. À l'intérieur, il ne reste plus qu'une ouverture dans la doublure entre le devant et le dos côté gauche : faites un repli sur chaque tissu et piquez les 2 tissus ensemble sur l'endroit.

7 Fixez les 5 pressions sur les devants, en vis-à-vis.

TAILLES 2 / 4 / 6 ANS

FOURNITURES

40 / 45 / 50 cm de coton pour l'extérieur

40 / 45 / 50 cm de coton pour l'intérieur (doublure)

40 / 45 / 50 cm de ouate

5 pressions à coudre

COUPE

Devant gauche : coupez 1 fois dans chaque tissu et dans la ouate

Devant droit : coupez 1 fois dans chaque tissu et dans la ouate

Dos : coupez 1 fois dans chaque tissu et dans la ouate

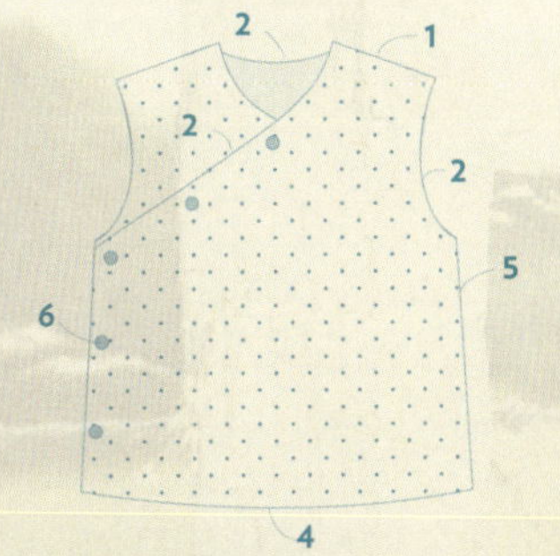

PULL À MOUFLES

Une forme toute simple, doublée en lainage et boutonnée dans le dos. On ajoute des moufles intégrées… Jamais froid aux mains !

1 Assemblez le devant et le dos du pull dans chaque tissu par les coutures d'épaule, endroit contre endroit.

2 Assemblez les manches dans chacun des tissus.

3 Cousez les côtés et le dessous des manches, endroit contre endroit, en une seule couture.

4 Assemblez le tissu extérieur et la doublure, endroit contre endroit.
Commencez par le col : positionnez les 2 tissus endroit contre endroit et piquez.

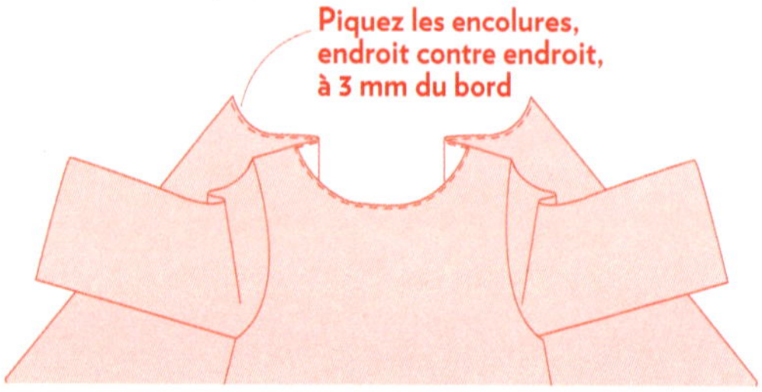

5 Pour les manches : retournez les 2 manches gauches sur leur envers. Positionnez les 2 extrémités des manches endroit contre endroit et piquez tout autour. Faites de même pour les manches droites.
Retournez les manches en tissu extérieur sur l'endroit.

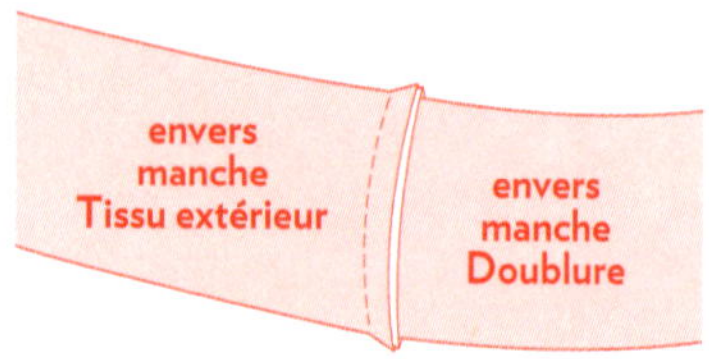

6 Fermez un pan du dos et le bas du pull endroit contre endroit.

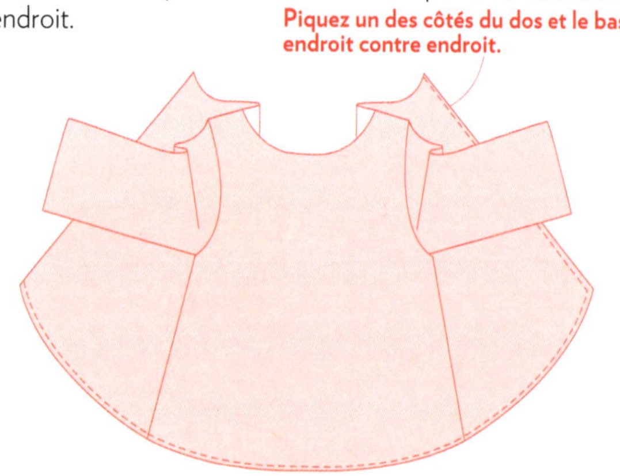

Retournez sur l'endroit.
Sur le pan du dos restant, faites un repli de 1 cm et piquez sur toute la hauteur.

7 Fixez les pressions en vis-à-vis sur les 2 pans du dos. Arrangez-vous pour que le pan dont la couture est visible se retrouve en dessous : fixez la première partie de la pression sur l'endroit de ce même pan, la seconde partie de la pression sera sur l'envers de l'autre pan.

8 Cousez les moufles sur le devant : positionnez-les sur le tissu et cousez autour (sauf au niveau du poignet !) au point zigzag.

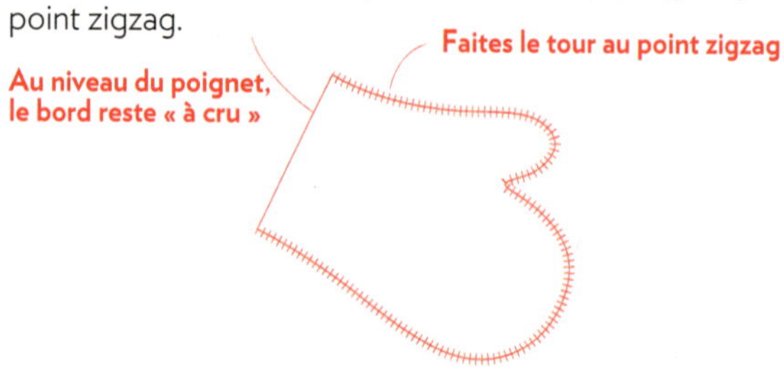

TAILLES 2 / 4 / 6 ANS

FOURNITURES

Coton imprimé : 45 / 85 / 90 cm en 140 cm de large

Lainage ou polaire pour la doublure : 45 / 85 / 90 cm en 140 cm de large

4 pressions à riveter

COUPE

Devant : coupez 1 fois en double

Dos : coupez 2 fois

Manches : coupez 2 fois

Moufles : coupez 2 fois

MES ACCESSOIRES PRATIQUES

COUSSIN DÉHOUSSABLE

Un grand coussin allongé agrémenté d'un passepoil contrasté. Il est fermé par un gros bouton au dos.

1 Cousez le passepoil sur la partie A : épinglez-le sur l'endroit du tissu, cordon vers l'intérieur, puis piquez au plus près du cordon, en utilisant le pied pour fermeture à glissière de votre machine.

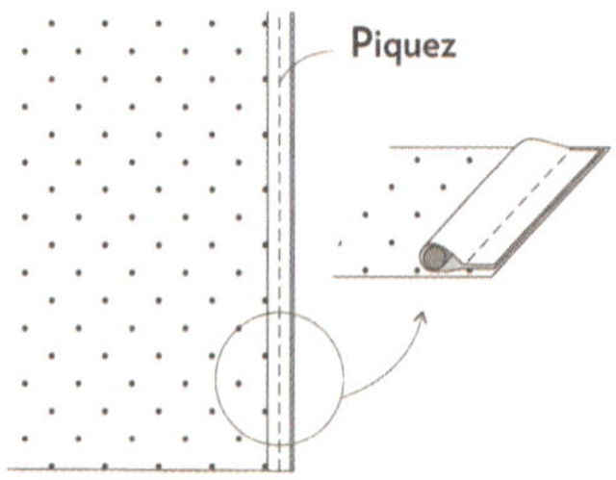

2 Assemblez les parties A et B, endroit contre endroit, au plus près du cordon du passepoil (toujours avec le pied pour fermeture à glissière). Avec un peu d'expérience, on peut effectuer les étapes 1 et 2 en une seule fois.

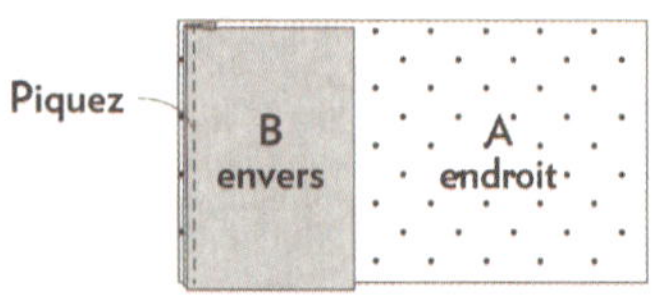

3 Assemblez les côtés des parties A et D et des parties B et C, endroit contre endroit. Vous obtenez une longue bande.

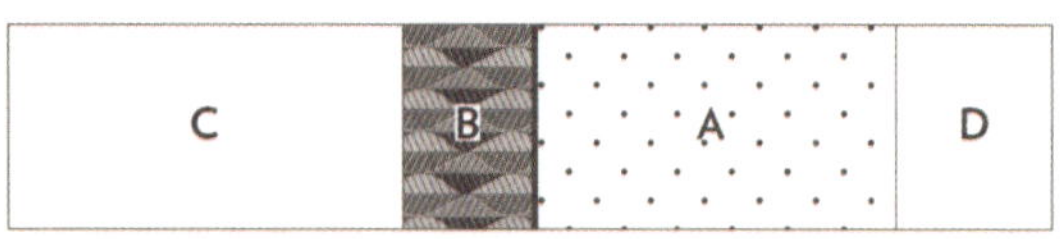

4 Faites un ourlet large à chaque extrémité de la bande (parties C et D) : repliez 1, puis 3 cm.

5 Cousez la boutonnière sur la partie C, centrée dans la largeur.

6 Assemblez les longueurs du coussin :

• posez la bande à plat, endroit vers vous. Repliez la partie C sur la face avant du coussin (parties A et B), puis repliez la partie D ;
• cousez l'ensemble de chaque côté.

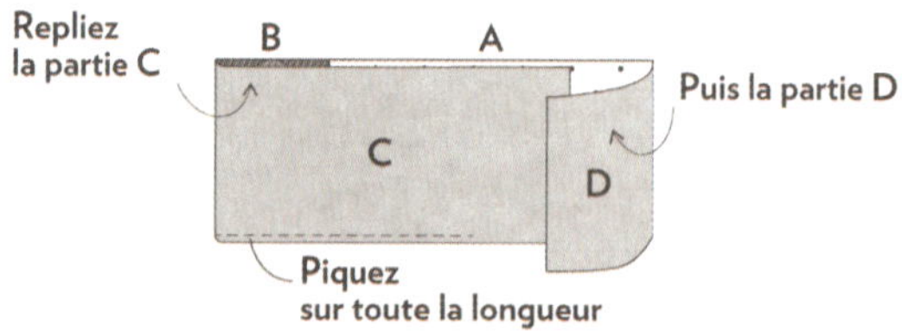

7 Retournez la housse du coussin sur l'endroit et cousez le bouton sur la partie D, en vis-à-vis de la boutonnière.

8 Pour garnir le coussin :

• pliez en 2 le coupon de coton blanc et cousez tout autour en laissant une ouverture de 15 cm ;
• retournez-le et garnissez de ouate ;
• refermez l'ouverture ;
• glissez le coussin dans la housse.

FOURNITURES ET COUPE

4 morceaux de tissu en lin ou coton de 32 cm de haut et de différentes longueurs :
- A : coupez un rectangle de 32 x 44 cm
- B : coupez un rectangle de 32 x 20 cm
- C : coupez un rectangle de 32 x 36 cm
- D : coupez un rectangle de 32 x 44 cm

32 cm de passepoil
1 gros bouton
32 cm de coton blanc pour la confection du coussin : coupez un rectangle de 122 cm de long
Ouate de garnissage

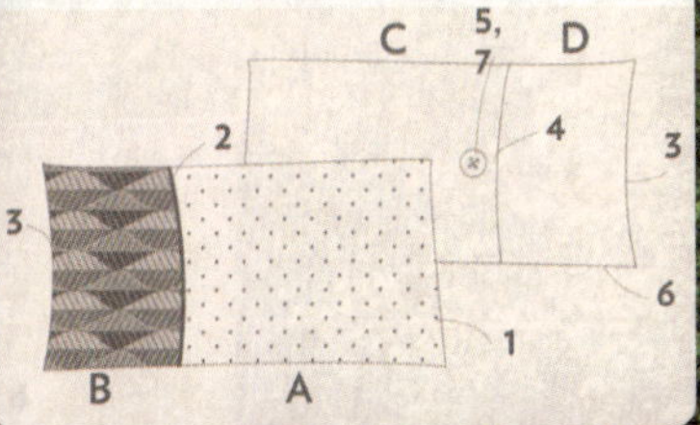

PETIT COUSSIN PASSEPOILÉ

Un basique très addictif : quand on commence, on ne peut plus s'arrêter !

1 Cousez le passepoil sur une face du coussin : épinglez-le sur l'endroit du tissu, cordon vers l'intérieur, puis piquez au plus près du cordon, en utilisant le pied pour fermeture à glissière de votre machine.

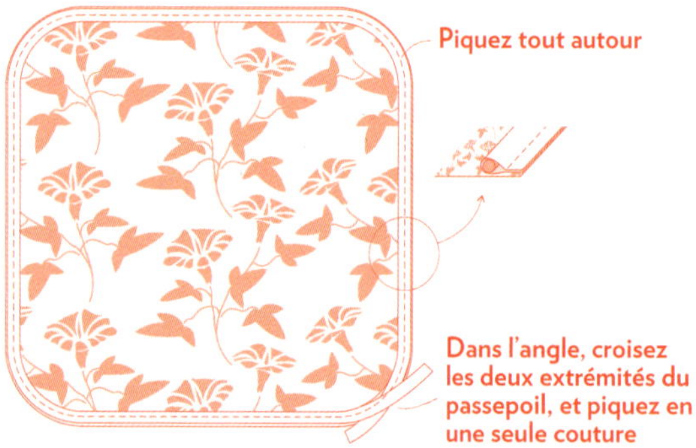

2 Assemblez les 2 faces du coussin endroit contre endroit, en piquant au plus près du cordon du passepoil (le passepoil est placé entre les 2 faces du coussin).

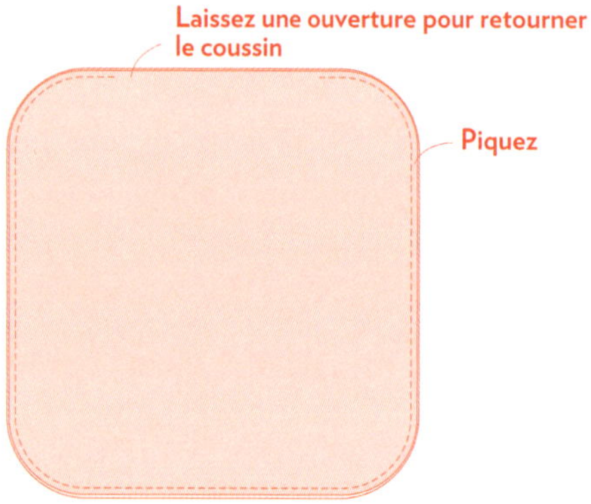

3 Retournez la housse du coussin, repassez-la et insérez le coussin à l'intérieur.
Repliez le bord libre de l'ouverture sur 1 cm et cousez pour fermer la housse.

FOURNITURES

1 carré de 37 x 37 cm de chaque tissu
1,5 m de passepoil
1 coussin de 35 x 35 cm ou, à défaut, garnissez directement avec de la ouate

COUPE

Coupez 1 carré de 37 x 37 cm dans chaque tissu et arrondissez les angles

PETITE COUVERTURE POUR FLÂNER SUR LE CANAPÉ (OU AILLEURS)

Du feu dans la cheminée, un bon livre et une tasse de thé… Fonctionne également avec un tricot et un rhum arrangé maison, une crêpe pour le goûter et un chocolat chaud… Déclinable à l'infini !

1 Assemblez la bande de lin avec le tissu fleuri.

2 Cousez la dentelle sur le lin.

3 Assemblez la bande de lin avec le tissu à pois, endroit contre endroit. Vous avez alors la face A de votre couverture.

4 Assemblez-la avec la doublure en lainage, endroit contre endroit, en laissant une ouverture.

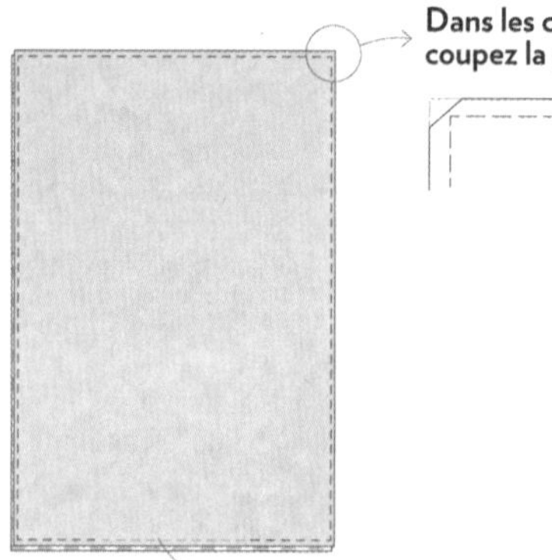

5 Retournez sur l'endroit et fermez l'ouverture.

6 Faites une couture tout autour de la couverture, à 1,5 cm du bord.

FOURNITURES ET COUPE

Lainage épais (ici, de la laine bouillie) : 1 x 1,50 m

Coton imprimé à pois : coupez 1 rectangle de 0,92 x 1 m

Lin uni : coupez 1 rectangle de 0,24 x 1 m

Dentelle : 1 m

Coton fleuri : coupez 1 rectangle de 0,40 x 1 m

CORBEILLE POUR TOUT RANGER

On la décline dans plusieurs tailles, du vide-poche à la grande corbeille (sur les grands formats, on pourra rajouter des poignées).

1 Entoilez les différentes parties de la corbeille dans le tissu extérieur, voire dans les deux si la doublure est très fine et en fonction de la taille de la corbeille.

2 Assemblez chaque côté avec le fond, endroit contre endroit.

Vous obtenez ceci pour chaque tissu :

3 Assemblez les côtés les uns aux autres, endroit contre endroit, pour chaque tissu.

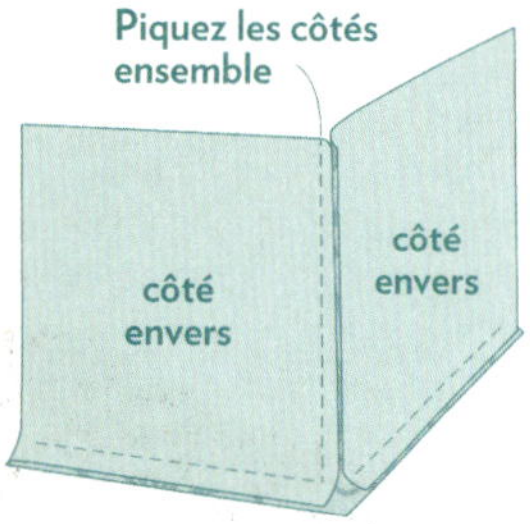

4 Faites un repli de 1 cm en haut de la corbeille et de sadoublure, puis glissez la doublure dans la corbeille et piquez tout autour.

FOURNITURES

Tissu extérieur, doublure, toile thermocollante : 5 carrés de chaque (ici, 25 cm)

COUPE

Coupez 5 carrés de 25 x 25 cm dans chaque tissu

HOUSSE D'ORDINATEUR PORTABLE

Une housse à coudre en lin uni, avec une bande colorée ou à carreaux pour un homme qui n'aime pas les fleurs, ou avec des tissus plus féminins pour une femme qui veut chouchouter son ordinateur…

1 Mesurez votre ordinateur.

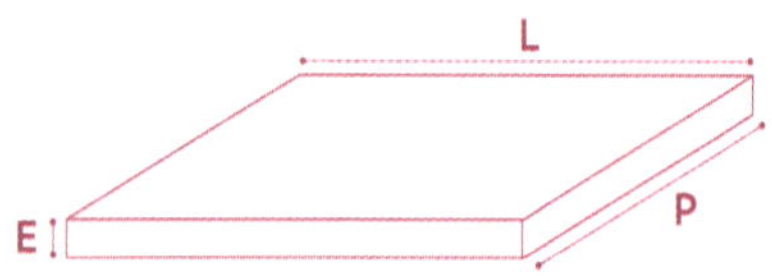

Calculez les dimensions des rectangles de tissu à couper :
• pour la longueur totale, comptez 2 fois la largeur de l'ordinateur, 2 fois son épaisseur, et ajoutez 15 cm pour le rabat ;
• pour la largeur du tissu, mesurez la profondeur de votre ordinateur et ajoutez 5 cm ;
• faites un repère de pliage A en mesurant largeur L + épaisseur E + 1 cm ;
• faites un repère B à 9 cm de A, pour placer la bande de tissu sur l'avant.

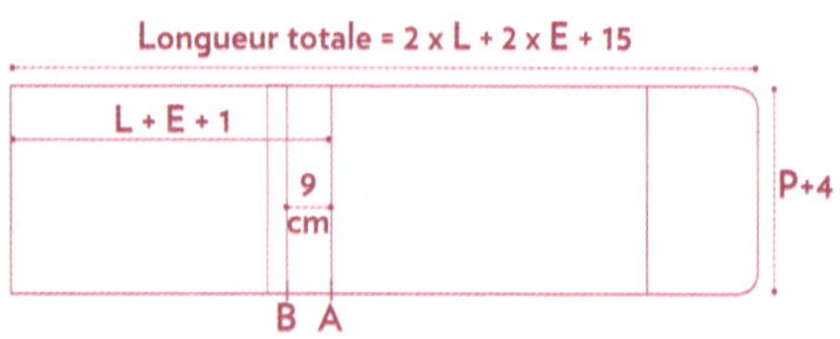

2 Cousez la bande à pois sur le tissu extérieur.

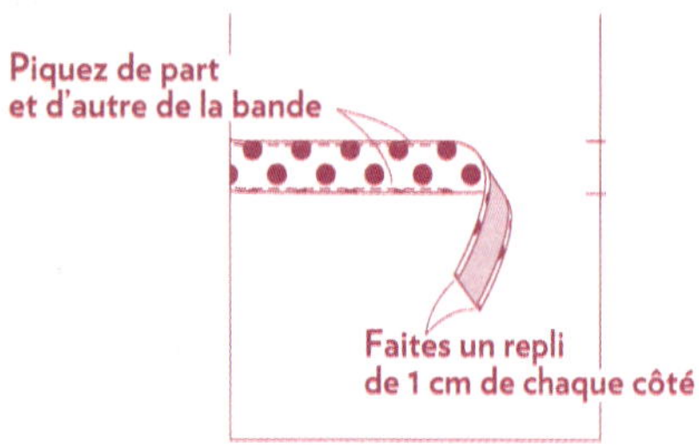

3 Positionnez le polaire sur l'envers du tissu extérieur. Pliez l'ensemble au niveau des repères A, endroit contre endroit, et piquez de chaque côté pour former la housse.

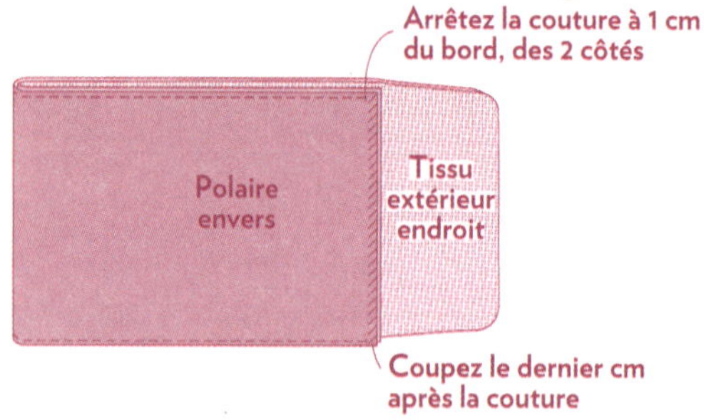

De la même manière, pliez sur le repère A le tissu intérieur, endroit contre endroit, et piquez les côtés pour former la doublure de la housse.

4 Cousez le rabat : positionnez les 2 faces du rabat, endroit contre endroit, et piquez tout autour.

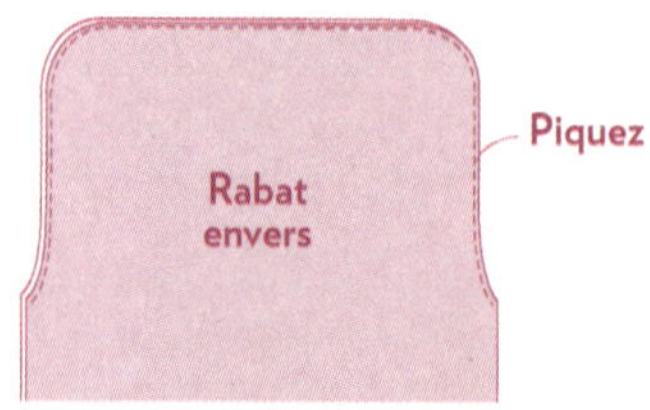

Crantez les arrondis, puis retournez sur l'endroit.
Glissez la doublure dans la housse et faites un repli de 1 cm vers l'intérieur, sur chaque bord non fini. Piquez sur le bord pour fermer l'ouverture.

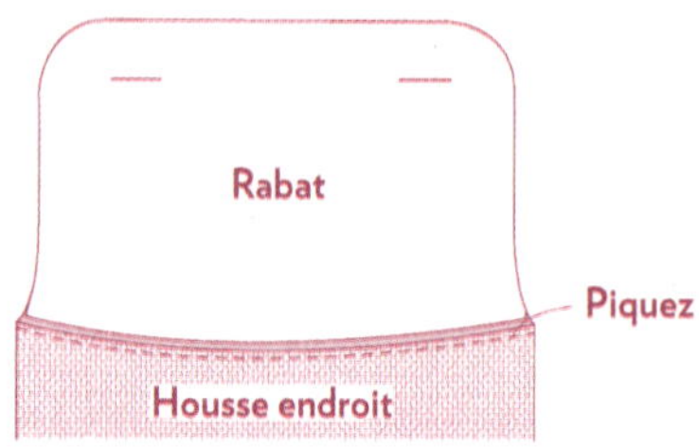

5 Cousez les 2 boutonnières sur le rabat et les boutons en vis-à-vis.

FOURNITURES

50 cm de lin pour l'extérieur
50 cm de coton pour l'intérieur (doublure)
50 cm de polaire pour la triplure
2 boutons
(Ces quantités sont calculées de manière très large, elles dépendent du format de votre ordinateur)

COUPE

Extérieur, doublure, triplure : coupez 1 rectangle dans chaque tissu en fonction des dimensions de votre ordinateur (voir 1)
Arrondissez les 2 coins du côté du rabat
Bande sur le devant : coupez 1 rectangle de 5 cm x la largeur des autres rectangles

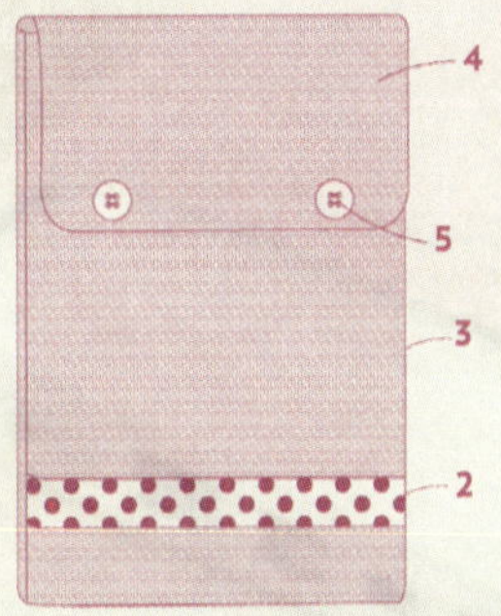

TROUSSE DE TOILETTE

Un grand format et 4 petites poches intérieures : on peut emmener tout ce qu'il faut pour les vacances. Son format convient aussi pour emporter les affaires de change d'un bébé, quelques couches et des lingettes, un tube de crème…

1 Cousez les poches :

- faites un ourlet de 1 cm en haut et un repli de 1 cm en bas de chaque poche ;
- positionnez les poches sur l'endroit du tissu intérieur et cousez les côtés et le bas ;
- ajoutez une piqûre centrale pour séparer la poche en deux.

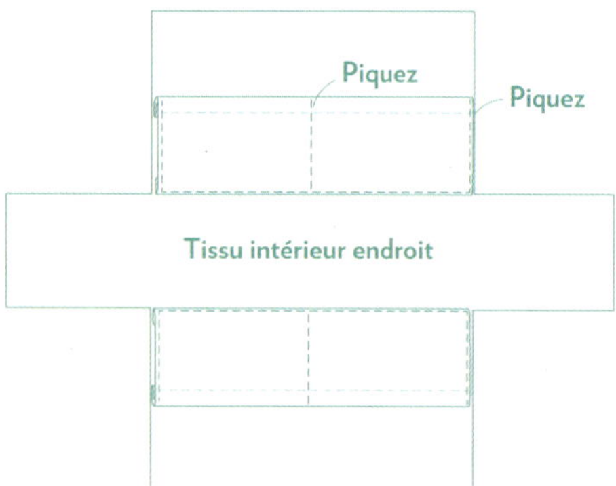

2 Cousez les deux parties de la trousse, endroit contre endroit, sauf sur les deux grands bords.

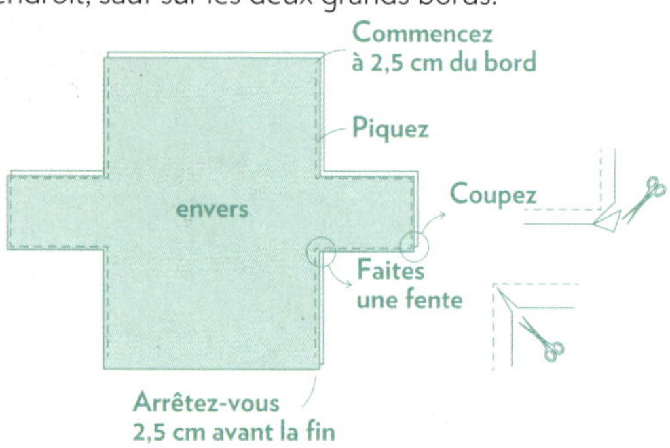

3 Cousez la languette sur la fermeture à glissière : pliez la languette en 2, endroit contre endroit, et piquez les côtés.

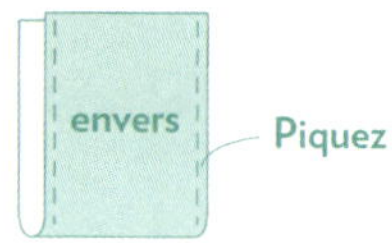

Retournez, puis repliez les bords vers l'intérieur.
Glissez l'extrémité non séparable de la fermeture à glissière dans la languette, puis piquez tout autour.

4 Cousez la fermeture à glissière sur la trousse :

- sur les grands côtés, repliez le bord de chaque tissu sur 1 cm et glissez la fermeture à glissière entre le tissu intérieur et extérieur ;
- piquez sur toute la longueur.

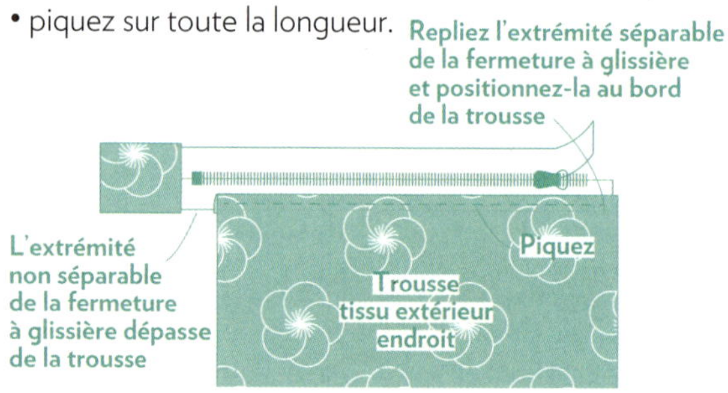

5 Cousez les côtés de la trousse sur l'extérieur.

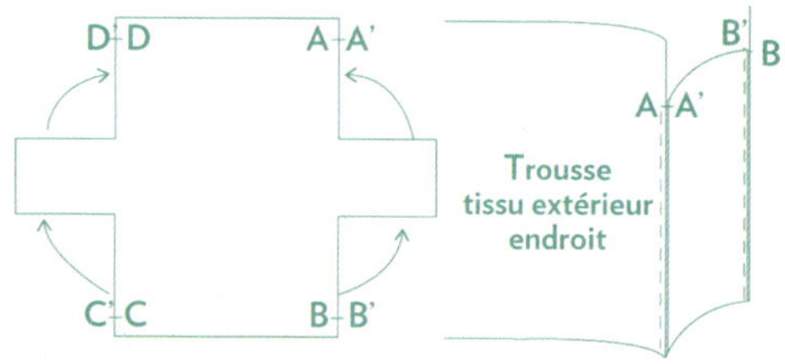

FOURNITURES

40 x 60 cm de tissu assez épais pour l'extérieur (toile de coton épaisse, toile enduite, lin...)
40 x 60 cm de coton imprimé pour la doublure
30 x 30 cm de coton imprimé pour les poches intérieures
1 fermeture à glissière de 25 cm

COUPE

Trousse : coupez 1 fois dans le tissu extérieur et 1 fois dans le coton imprimé
Poches : coupez 2 fois

SAC POUR PARTIR EN WEEK-END

Une forme assez classique pour ce grand sac fermé par une fermeture à glissière sur le dessus. Une grande poche plaquée sur l'extérieur et deux petites à l'intérieur. Prévoyez-le en toile épaisse, avec une doublure plus fine. Si vous voulez qu'il ait plus de tenue, triplez-le avec de la ouate.

1 Montez la fermeture à glissière de la poche :

• posez sur la table le devant-bas dans le tissu extérieur, endroit vers vous ;

• positionnez dessus la fermeture à glissière, endroit contre l'endroit du tissu (l'envers vers vous, donc), centrée dans la largeur du tissu ;

• posez par-dessus le devant bas de la doublure, envers vers vous ;

• piquez le long de la fermeture à glissière.

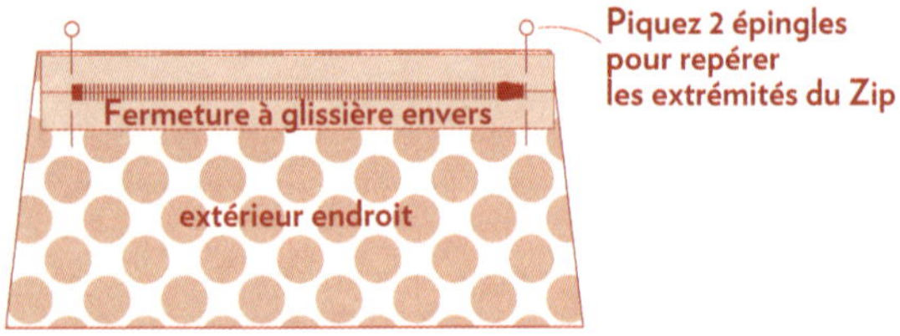

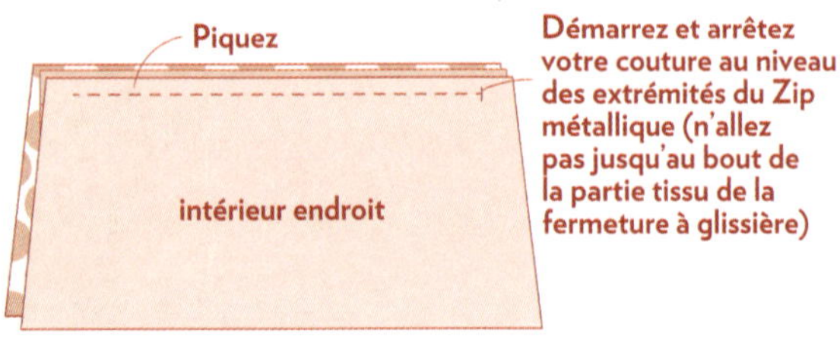

Procédez de même de l'autre côté de la fermeture à glissière, avec le devant haut.

Positionnez ensuite le haut et le bas en tissu extérieur endroit contre endroit, et cousez-les ensemble à chaque extrémité de la fermeture à glissière.

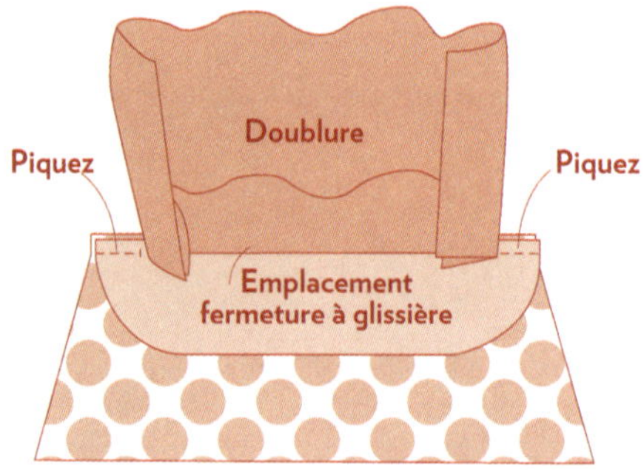

Retournez l'ensemble sur l'endroit, aplatissez les coutures au fer, puis piquez sur toute la longueur, de part et d'autre de la fermeture à glissière.

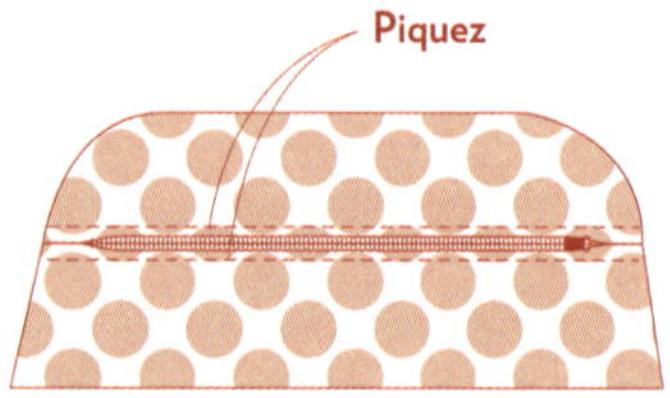

2 Cousez la grande fermeture à glissière sur le dessus du sac : procédez de la même manière que précédemment pour coudre les 2 côtés de la fermeture à glissière, mais en poursuivant la couture jusqu'aux extrémités du tissu.

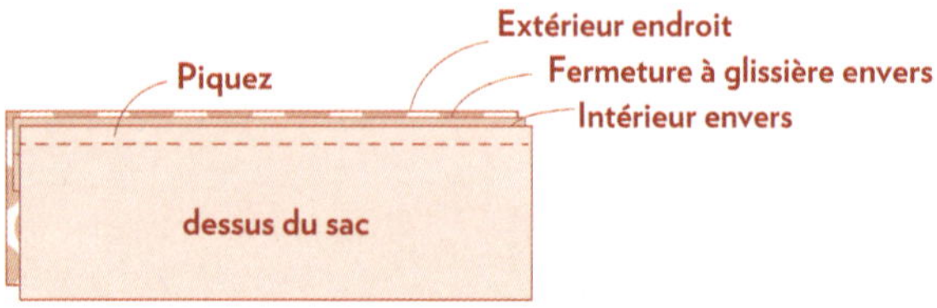

Retournez sur l'endroit et aplatissez les coutures au fer.

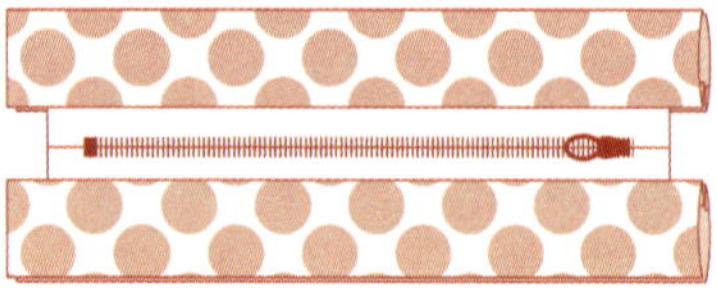

FOURNITURES

85 cm de toile de coton ou de lin épaisse
100 cm de toile de coton plus fine pour la doublure
25 cm de toile de coton pour la poche intérieure
1 grosse fermeture à glissière séparable de 60 cm pour le dessus
1 fermeture à glissière non séparable de 35 cm pour la poche extérieure
185 cm de sangle ou sergé coton en 50 mm de large (longueur pour pouvoir porter le sac sur l'épaule)

COUPE

Devant haut : coupez 1 fois dans le tissu extérieur + 1 fois dans la doublure
Devant bas + poche intérieure : coupez 1 fois dans le tissu extérieur + 1 fois dans la doublure + 1 fois dans le tissu de la poche
Face 2 : coupez 1 fois dans le tissu extérieur + 2 fois dans la doublure
Côté : coupez 2 fois dans chaque tissu
Dessus : coupez 2 fois dans chaque tissu
Dessous : coupez 1 fois dans chaque tissu
Lanières : coupez la sangle en 2 longueurs égales

SAC POUR PARTIR EN WEEK-END (SUITE)

3 Assemblez les côtés à la fermeture à glissière.

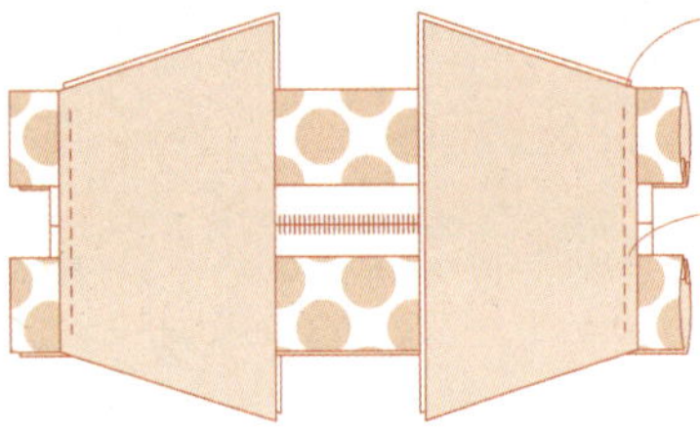

4 Cousez la poche intérieure :

• faites un ourlet de 1 cm en haut et un repli de 1 cm en bas de la poche, puis positionnez-la sur l'endroit du tissu intérieur et cousez les côtés et le bas ;

• ajoutez une piqûre centrale pour séparer la poche en deux.

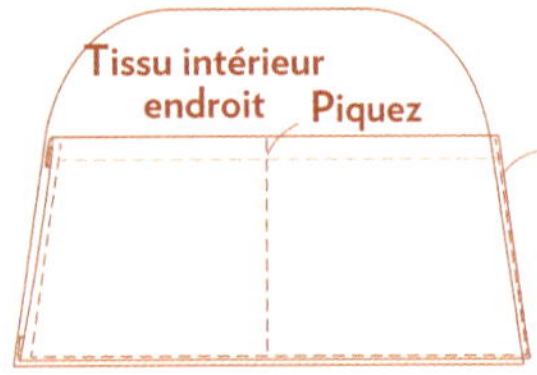

5 Assemblez les 2 faces du sac, pour chaque tissu séparément, endroit contre endroit.

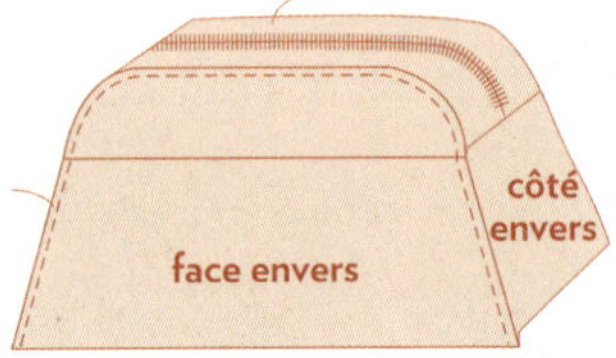

6 Assemblez le fond dans le tissu extérieur, en cousant les 4 côtés endroit contre endroit.
Puis faites de même dans la doublure, mais ne cousez que sur 3 côtés pour pouvoir retourner le sac.
Retournez sur l'endroit et fermez l'ouverture.

7 Cousez les lanières aux emplacements indiqués.

CABAS

Un grand cabas en toile, de préférence en lin, pour tout transporter, en toute occasion.

1 Cousez le passepoil sur chaque face du cabas : épinglez-le sur l'endroit du tissu, cordon vers l'intérieur, puis piquez au plus près du cordon, en utilisant le pied pour fermeture à glissière de votre machine.

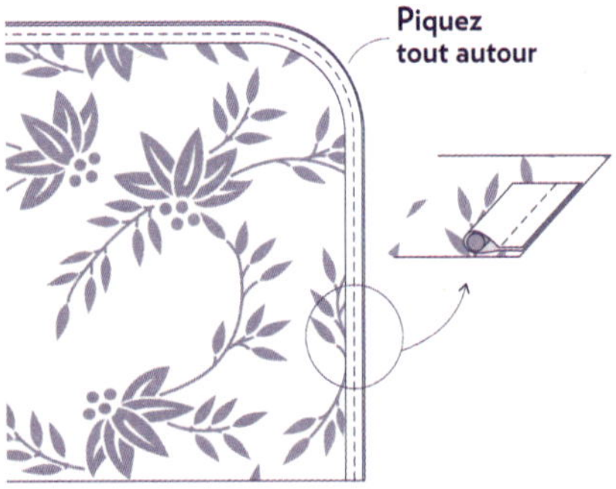

2 Assemblez le fond du sac avec les faces :

• épinglez le fond au bord d'une face du cabas, endroit contre endroit, puis piquez au plus près du passepoil ;

• faites de même avec l'autre côté, puis retournez le sac.

3 Assemblez le fond et les côtés de la doublure du cabas de la même manière (mais sans passepoil).
Faites un repli de 1 cm en haut de chaque sac, puis glissez la doublure dans le sac.

4 Préparez les lanières : pour chaque lanière, assemblez les deux bandes, endroit contre endroit.

Retournez sur l'endroit, et faites un repli de 0,5 cm sur les 2 bords non finis.

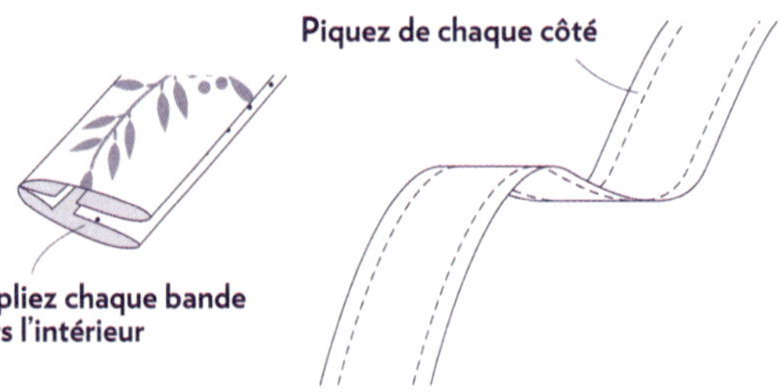

5 Glissez les lanières entre le cabas et sa doublure au niveau des repères (laissez 5 cm à l'intérieur de chaque côté). Piquez tout autour de l'ouverture.

FOURNITURES

60 cm de tissu pour l'extérieur du sac
60 cm de coton pour la doublure
2,4 m de passepoil

COUPE

Face : coupez 2 fois dans chaque tissu
Bande côté / fond : coupez 1 rectangle de 18 x 114 cm dans chaque tissu
Poche : coupez 1 rectangle de 19 x 25 cm
Lanières : coupez 2 bandes de 8 x 55 cm dans chaque tissu

PETIT SAC « GIRLY »

Un petit sac mignon pour emmener l'essentiel : un vrai truc de fille !

1 Froncez le bas du sac :
- froncez la partie supérieure du bas du sac entre les 2 repères, en faisant une couture à points très larges, puis en tirant sur un des fils ;

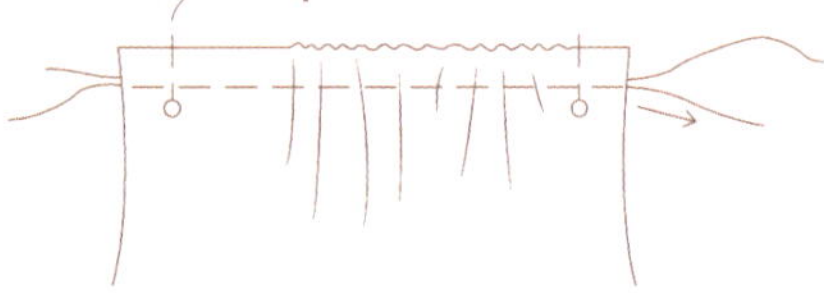

- répartissez les fronces équitablement entre les 2 repères.

2 Assemblez le haut et le bas du sac, endroit contre endroit, en incluant le passepoil : pour cela, positionnez devant vous le bas froncé, endroit vers vous. Alignez la partie à coudre du passepoil avec le bord froncé.

Posez sur l'ensemble le haut du sac, envers vers vous. Piquez l'ensemble au plus près du cordon, en utilisant le pied pour fermeture à glissière de votre machine. Vous pouvez aussi faire cette couture en 2 fois, si vous craignez de ne pas pouvoir maintenir les 3 épaisseurs ensemble.

Faites de même pour l'autre face du sac.

3 Assemblez les 2 faces extérieures du sac, endroit contre endroit. Faites de même pour la doublure.

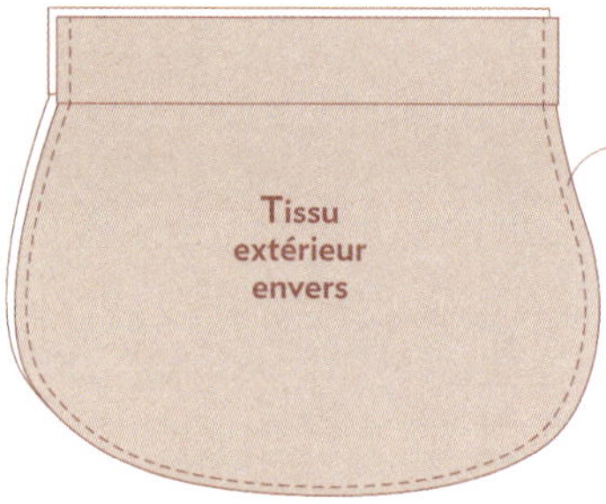

4 Fixez les 2 parties de la boutonnière métallique sur la doublure, en vis-à-vis.

5 Faites un repli de 1 cm vers l'intérieur en haut du sac et de sa doublure, puis glissez la doublure dans le sac.

6 Préparez la lanière : repliez chaque bande vers l'intérieur, puis piquez de chaque côté.
Glissez les extrémités de la lanière de chaque côté du sac et cousez tout autour de l'ouverture.

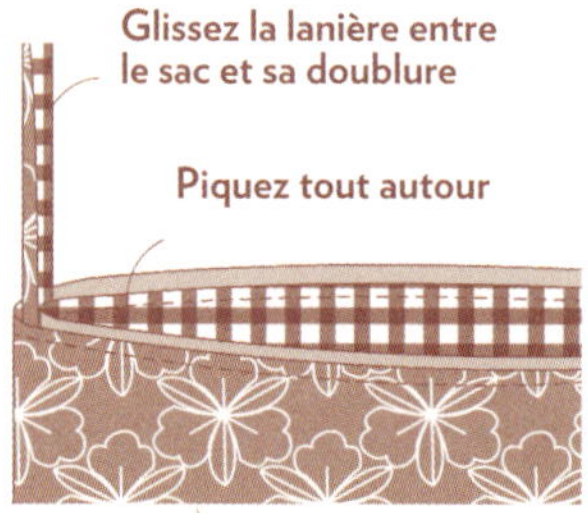

FOURNITURES

30 cm de coton imprimé en 140 cm de large pour l'extérieur du sac

30 x 60 cm de tissu environ pour la doublure

40 cm de passepoil

Une boutonnière métallique

COUPE

Extérieur haut : coupez 2 fois dans le tissu extérieur

Extérieur bas : coupez 2 fois dans le tissu extérieur

Intérieur : coupez 2 fois dans la doublure

Lanière : coupez 1 rectangle de 6 x 116 cm dans le tissu extérieur (ajustez-le en fonction de votre taille et de la façon dont vous porterez le sac)

MES VÊTEMENTS POUR TOUS LES TEMPS

ROBE-TABLIER

Petite robe d'été dos nu, croisée dans le dos, réversible. Celle-ci étant doublée, prévoyez deux tissus très légers tels que des voiles de coton.

1 Cousez les pinces sur chaque côté (4 pinces : 2 pour l'extérieur et 2 pour l'intérieur).

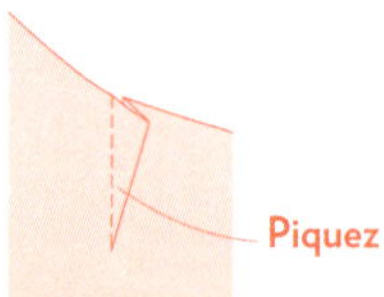

2 Assemblez le milieu et les deux côtés de chaque tissu, endroit contre endroit.

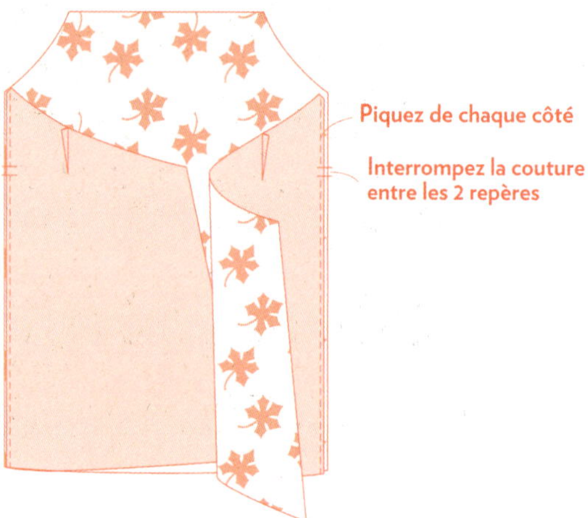

3 Préparez les 4 lanières.

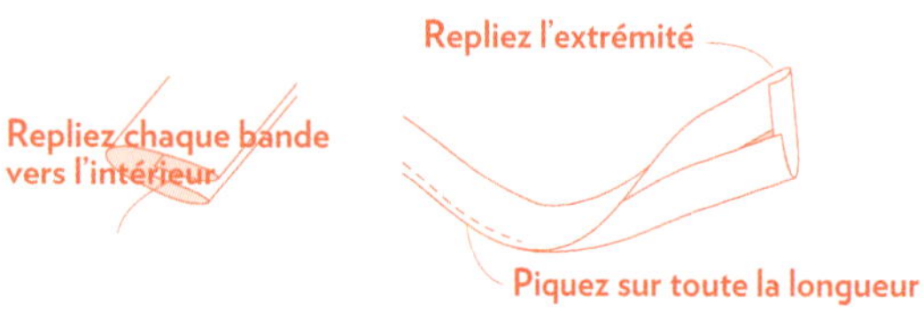

4 Assemblez l'intérieur et l'extérieur de la robe en cousant le haut, endroit contre endroit.
De chaque côté du haut, pensez à intégrer les lanières et à ménager une fente pour passer l'élastique.

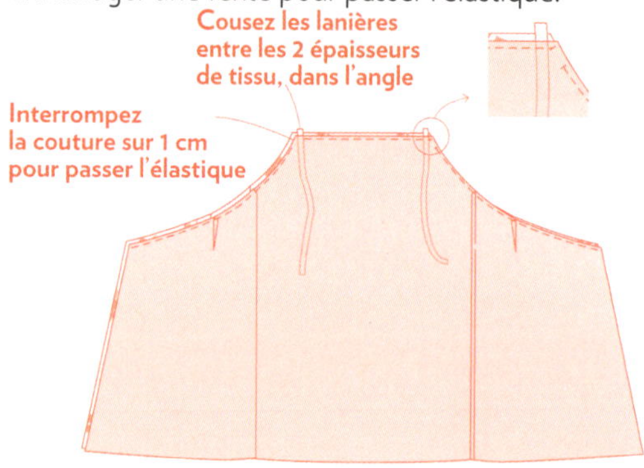

5 Retournez sur l'endroit, puis faites une couture en haut, tout près du bord, puis une seconde, parallèle, 1 cm plus bas, pour former une coulisse.
Glissez-y l'élastique et cousez-le à chaque extrémité pour le maintenir.

6 Faites un ourlet très fin (un ourlet roulotté si vous pouvez) sur les côtés et le bas de la robe.

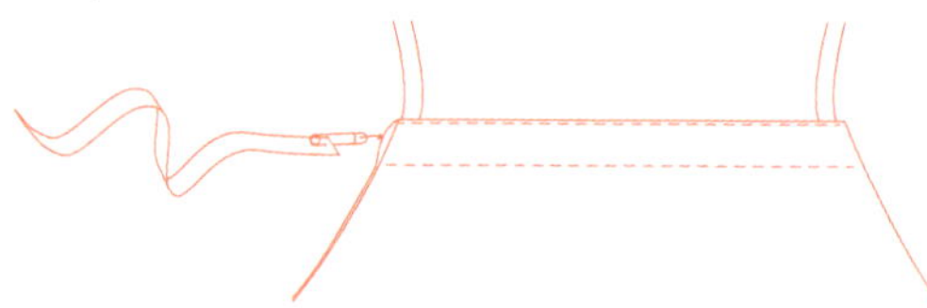

7 Faites une couture de finition sur tout le haut, tout rès du bord.

TAILLES 36-38 / 40-42

FOURNITURES

1,10 / 1,20 m de voile de coton en 140 cm de large, dans 2 tissus différents
22 / 25 cm d'élastique de 0,5 cm de large
2,60 / 2,70 m de biais

COUPE

Milieu devant : coupez 1 fois dans chaque tissu
Côtés : coupez 2 fois dans chaque tissu
Lanières cou : coupez 2 fois 55 cm de biais (ou coupez 2 rectangles de tissu de 55 x 3 cm)
Lanières taille : coupez 2 fois 75 / 80 cm de biais (ou coupez 2 rectangles de 75 / 80 x 3 cm)

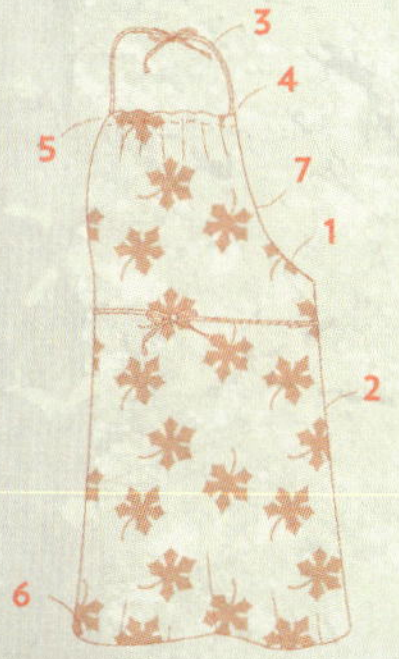

TUNIQUE SANS MANCHES

L'encolure devant est très froncée, et un pli creux au dos ajuste la largeur. Déclinez-la en coton léger ou en lin pour l'été ; en lainage dès qu'il fait plus frais, à porter sur un pull.

1 Formez le pli creux au dos.

2 Assemblez le devant et le dos par les coutures d'épaule, endroit contre endroit.

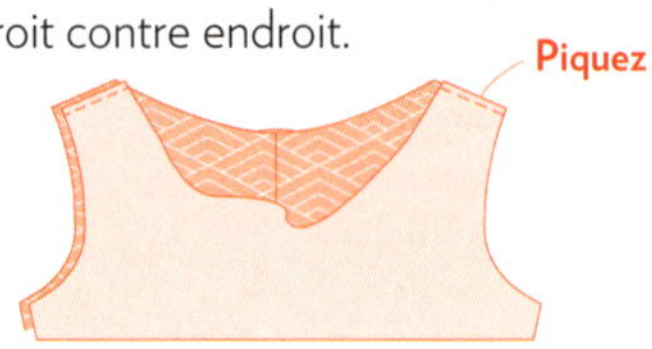

3 Froncez le devant de l'encolure entre les repères en faisant une couture à points très larges, puis en tirant sur un des fils.

4 Cousez le biais d'encolure : placez le biais tout autour de l'encolure, en commençant par le milieu du dos, endroit contre l'envers de la tunique.

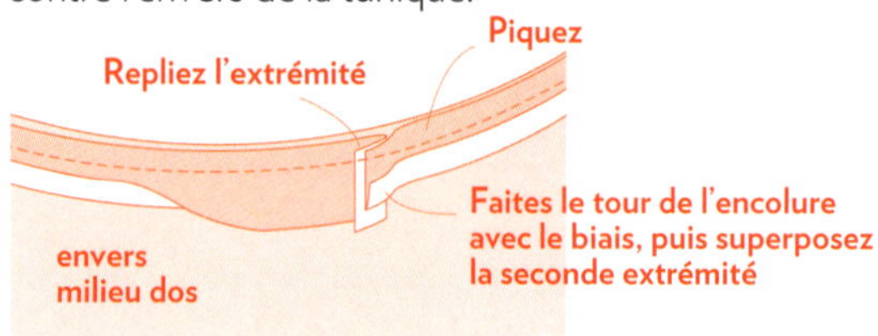

Repliez sur l'endroit et piquez tout autour (le biais est à cheval sur le bord du tissu).

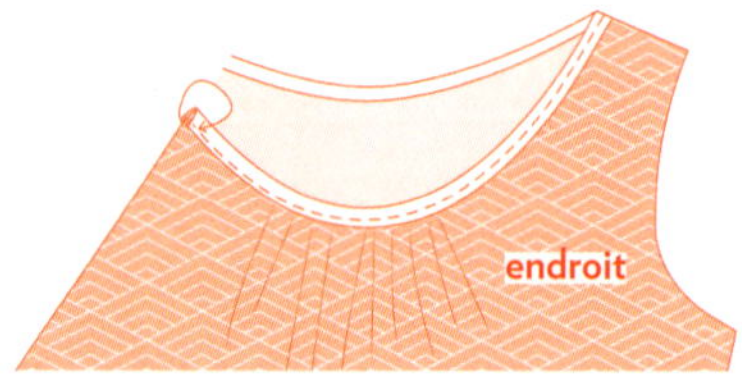

5 De la même manière, cousez les biais d'emmanchures : piquez le biais ouvert sur l'envers du tissu, puis repliez sur l'endroit et piquez près du bord.

6 Cousez les côtés de la tunique, endroit contre endroit, ou en coutures anglaises.

7 Ourlez le bas de la tunique.

TAILLES 36-38 / 40-42

FOURNITURES

70 cm de tissu en 140 cm de large
(lin, coton ou lainage)
1,50 m de biais

COUPE

Devant : coupez 1 fois en double sur la pliure
Dos : coupez 1 fois en double sur la pliure
Encolure : coupez 93 cm de biais
Manches : coupez 2 fois 50 cm de biais

BLOUSE À PLASTRON

Une blouse très froncée avec des manches raglan, le bas comme une liquette, à tailler dans un tissu ultraléger.

1 Montez le plastron sur le devant de la blouse.

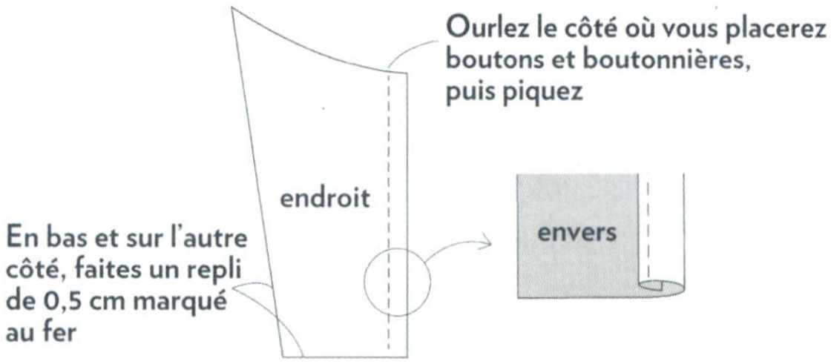

Froncez l'ouverture du devant de la blouse en faisant une couture à points très larges, puis en tirant sur un des fils, jusqu'à ce que l'ouverture mesure 16,5 cm.
Répartissez les fronces équitablement.

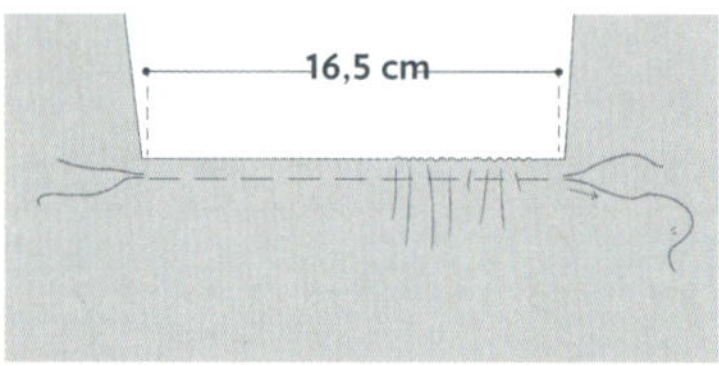

Posez à plat le devant de la blouse, endroit du tissu visible. Positionnez dessus les 2 parties du plastron (ces 2 dernières se superposent sur 1,5 cm au milieu). Épinglez soigneusement, puis piquez tout autour à 2 mm du bord.

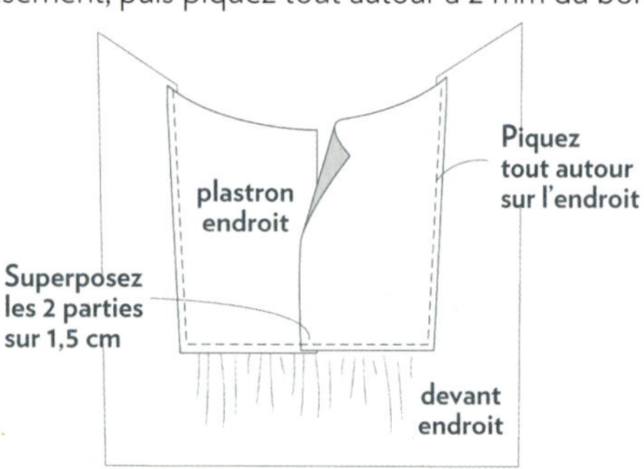

2 Assemblez le devant avec les manches, puis les manches avec le dos, endroit contre endroit.

3 Fermez les côtés et le dessous des manches, endroit contre endroit, en une seule couture.

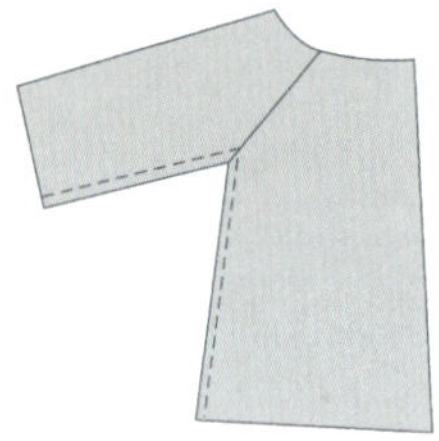

4 Froncez l'encolure, sauf au niveau du plastron (tout comme précédemment, faites une couture à points très larges, puis tirez sur un des fils pour froncer).
Répartissez les fronces uniformément et cousez le biais : faites une première couture en positionnant le biais ouvert, sur l'envers de la tunique.

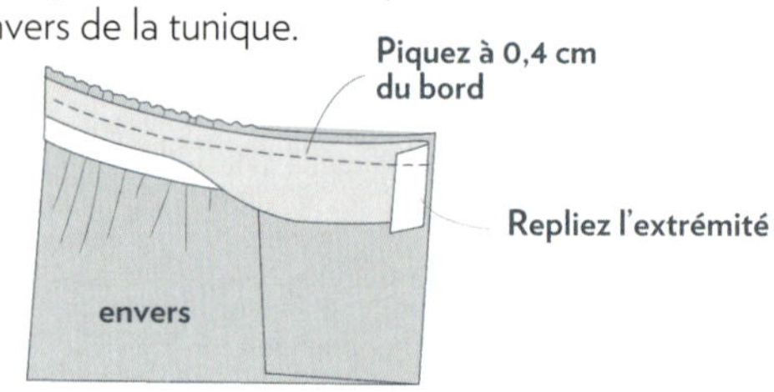

Retournez le biais sur l'endroit et piquez tout autour.

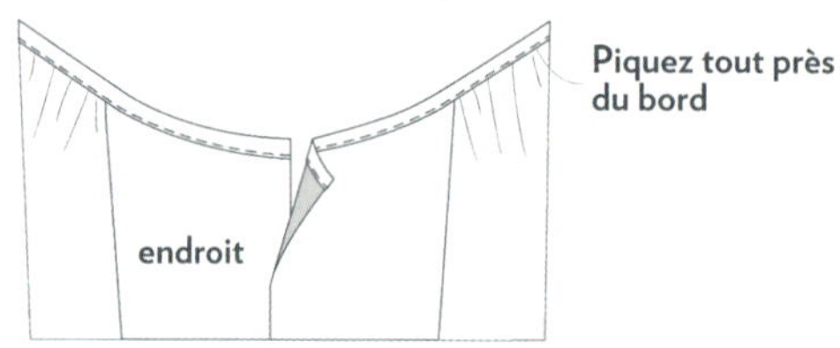

5 Froncez le bas des manches et posez du biais tout autour.

6 Faites un ourlet fin en bas de la blouse (0,5 cm).

7 Cousez 4 boutonnières sur le plastron et les boutons en vis-à-vis.

TAILLES 36-38 / 40-42

FOURNITURES

Voile de coton fluide 1,5 m

Voile de coton pour le plastron : 30 x 32 cm

4 petits boutons

Si vous ne voulez pas tailler les biais d'encolure et des manches dans le même tissu, prévoyez 1,20 m de biais

COUPE

Devant : coupez 1 fois en double

Dos : coupez 1 fois en double

Plastron : coupez 2 fois

Manches : coupez 2 fois

Biais d'encolure : coupez 70 x 2,5 cm dans le biais

Biais bas des manches : coupez 2 morceaux de 21 x 2,5 cm dans le biais

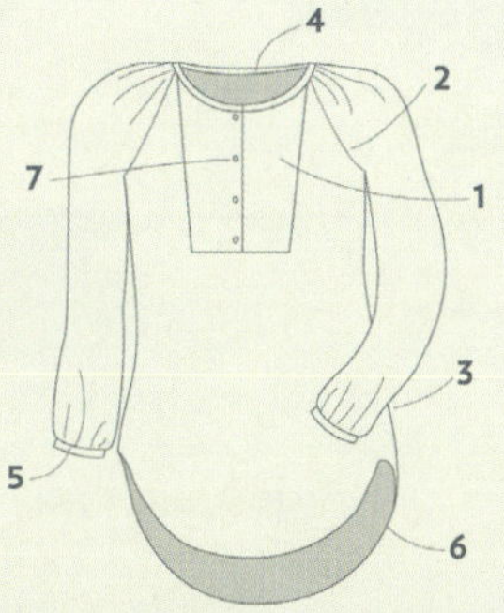

ROBE-TUNIQUE

À porter en robe ou en tunique, sa forme basique va avec tout.

1 Cousez les poches :

• piquez le haut de la poche à points larges (le plus grand que vous ayez sur votre machine), puis tirez sur un des fils pour froncer ;

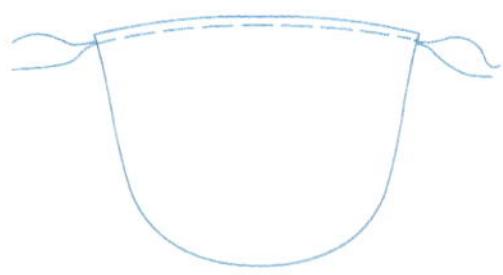

• cousez la bande de biais, endroit contre envers de la poche. Puis repliez le biais sur l'endroit et piquez près du bord.

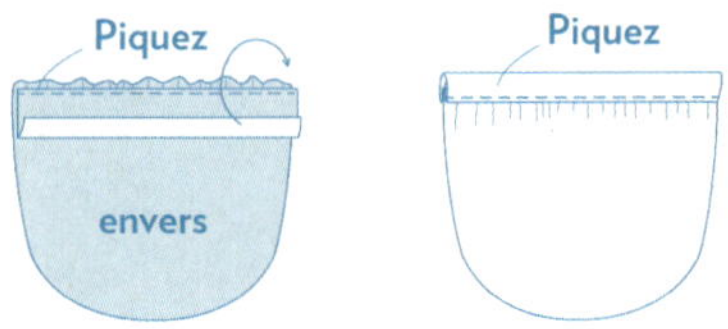

2 Assemblez les hauts devant et dos par les coutures d'épaule.

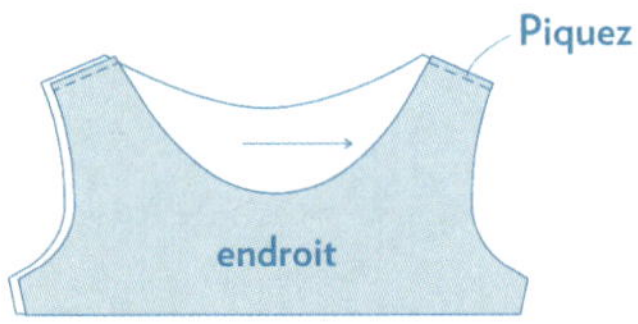

3 Cousez le biais d'encolure :

• placez le biais tout autour de l'encolure, en commençant par le milieu du dos, endroit contre endroit ;

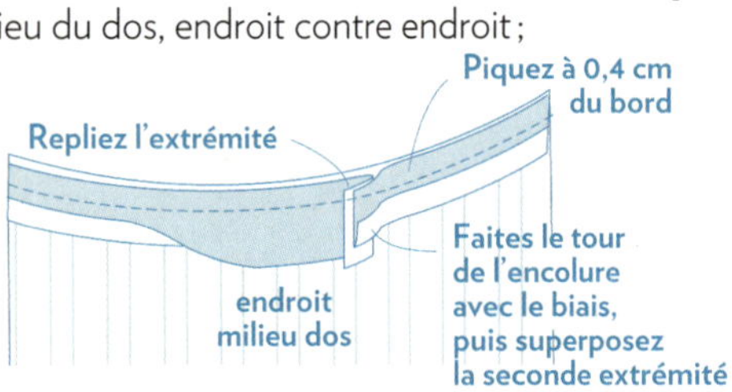

• repliez sur l'envers et piquez tout autour (le biais n'est pas visible sur l'endroit).

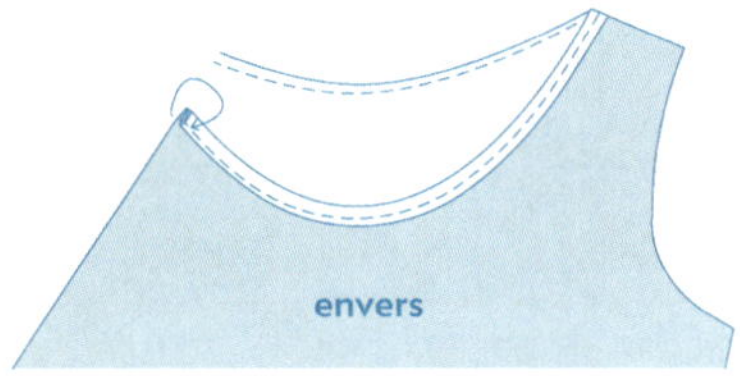

4 Assemblez le haut et le bas du devant et du dos. Froncez le haut de chaque partie du bas entre les 2 repères, en faisant une couture à points très larges, puis en tirant sur un des fils.

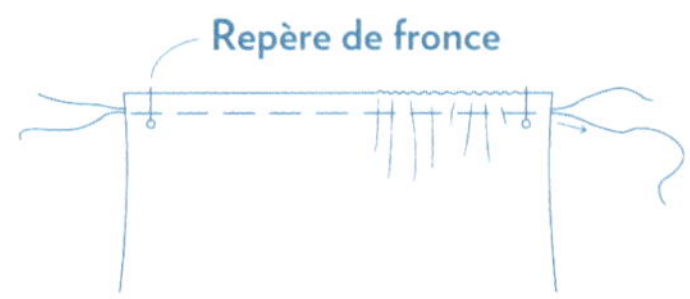

Répartissez les fronces équitablement entre les deux repères, puis assemblez avec la partie haute, endroit contre endroit.

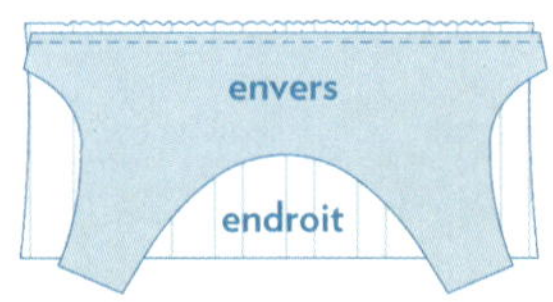

5 Cousez les manches sur la robe.

6 Cousez les côtés et le dessous des manches, endroit contre endroit, en une seule couture.

7 Ourlez le bas des manches et de la robe.

TAILLES 36-38 / 40-42

FOURNITURES
130 cm de lin ou coton en 140 cm de large
83 cm de biais pour l'encolure

COUPE
Devant haut : coupez 1 fois en double sur la pliure
Dos haut : coupez 1 fois en double sur la pliure
Devant bas : coupez 1 fois en double sur la pliure
Dos bas : coupez 1 fois en double sur la pliure
Manches : coupez 2 fois
Poches : coupez 2 fois
Bordure poche : coupez 2 rectangles de 15 x 4,5 cm

CAPE DES GRANDS FROIDS

Une petite cape en fausse fourrure à porter par-dessus une veste ou un manteau, pour se réchauffer les épaules.

1 Assemblez les devants et le dos de la cape endroit contre endroit, dans le tissu extérieur et dans la doublure.

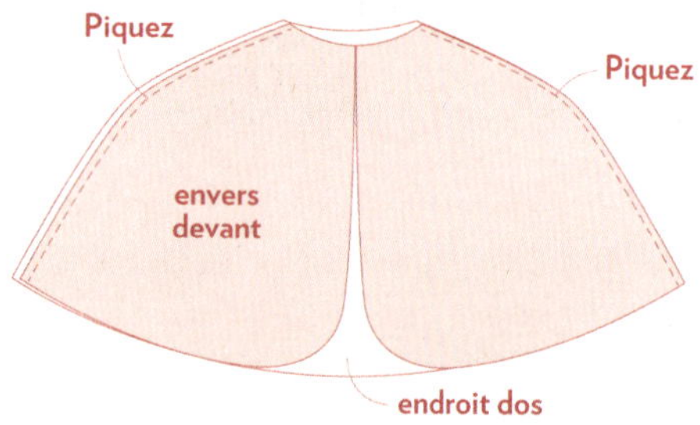

2 Assemblez le tissu extérieur et la doublure, endroit contre endroit, sur les 2 côtés et le bas de la cape.
Sur un des côtés, pensez à insérer un morceau de ruban plié en 2 pour la boutonnière.

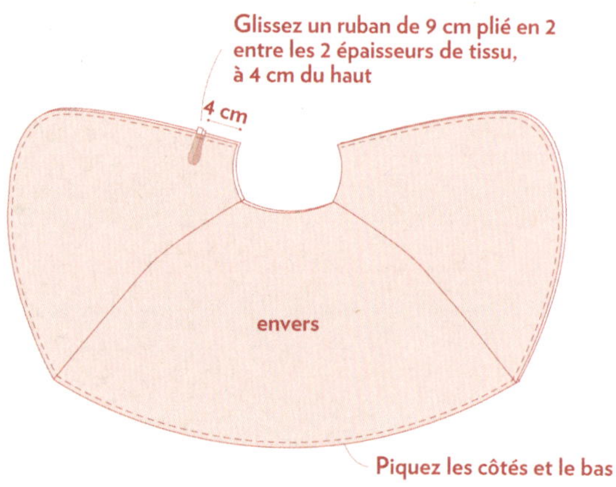

Retournez sur l'endroit par l'ouverture du col.

3 Procédez de la même manière pour le col :
• assemblez les 3 parties du col dans chaque tissu, endroit contre endroit ;
• puis assemblez le tissu extérieur et la doublure endroit contre endroit, sur 3 côtés ;
• retournez sur l'endroit.

4 Cousez le col sur la cape :
• faites un repli de 1 cm sur l'ouverture de la cape ;
• glissez le bord non fini du col dans l'ouverture de la cape, et piquez sur toute la longueur.

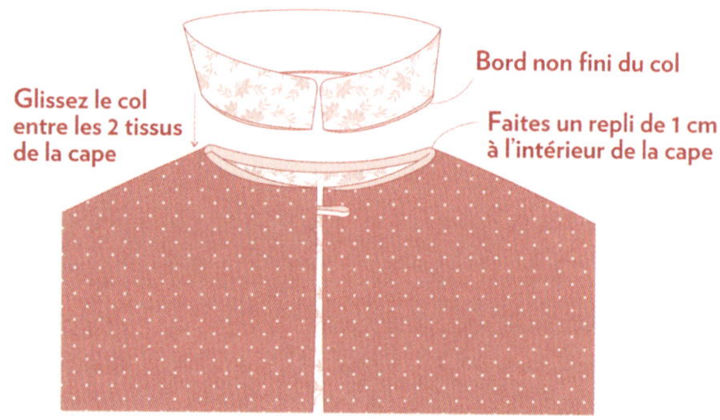

5 Cousez 1 bouton sur la cape en vis-à-vis de la boutonnière (il sera sous le col).

TAILLE UNIQUE

FOURNITURES

1 m de fausse fourrure
1 m de coton pour la doublure
1 gros bouton
10 cm de ruban fin

COUPE

Devant : coupez 2 fois dans chaque tissu
Dos : coupez 1 fois en double dans chaque tissu
Col devant : coupez 2 fois dans chaque tissu
Col dos : coupez 1 fois en double dans chaque tissu

FOULARD POUR LES FRAÎCHEURS DE L'AUTOMNE

Un grand foulard pour protéger son cou et ajouter une touche de couleur à sa tenue... Il est très rapide à faire : osez les associations de tissus !

1 Assemblez les 3 parties de la face extérieure. Cousez, endroit contre endroit, le tissu fleuri à chaque extrémité de la bande de tissu à pois.

Sur l'endroit, faites une couture décorative de part et d'autre de la couture.

2 Assemblez le devant et le dos du foulard, endroit contre endroit, en laissant ouvert un des petits côtés.

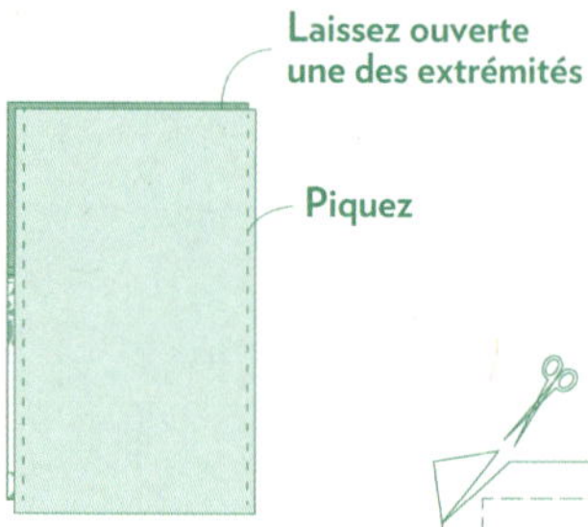

3 Retournez le foulard sur l'endroit et repassez-le. Repliez vers l'intérieur.

FOURNITURES ET COUPE

Tissu à feuilles (coton) :
coupez 1 rectangle de 37 x 140 cm

Tissu uni (lin) :
coupez 2 rectangles de 37 x 22 cm

Tissu à carreaux (coton) :
coupez 1 rectangle de 37 x 180 cm

CHÈCHE

Maintenu par un gros bouton sur le devant, il protège le cou du vent froid. On le fait en lin à l'automne, en lainage pour l'hiver...

1 Posez la dentelle sur les côtés du chèche.

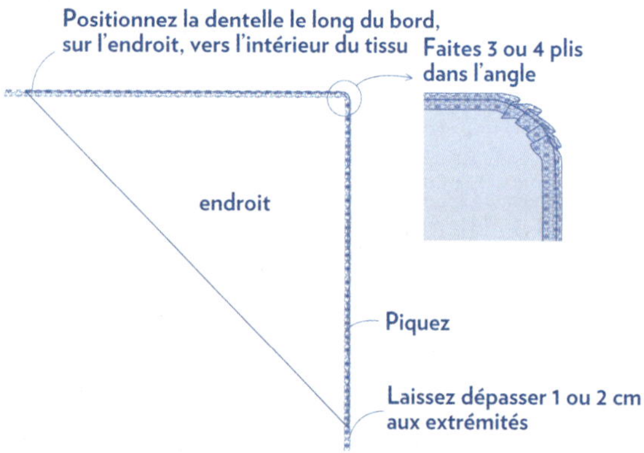

2 Assemblez la doublure en la positionnant, endroit contre endroit, sur le tissu avec la dentelle.

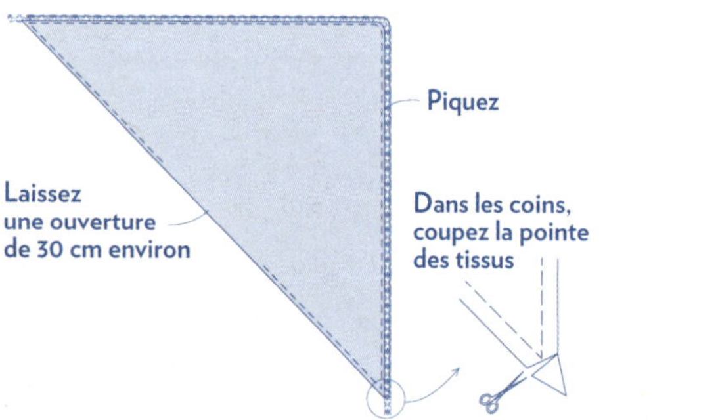

3 Retournez sur l'endroit, repassez, faites un repli de 1 cm au niveau de l'ouverture, et piquez tout autour du chèche.

4 Cousez 1 boutonnière dans un des angles et 1 bouton dans l'autre angle.

FOURNITURES

Lainage ou lin : 1 x 1 m
Doublure coton : 1 x 1 m
Dentelle pour la bordure : 1,10 m
1 gros bouton

COUPE

Coupez chaque carré de tissu dans la diagonale, pour obtenir 1 triangle rectangle de 1 m de côté. Arrondissez légèrement l'angle rectangle

TABLIER DE CUISINE

Le tablier classique, à avoir dans toutes les cuisines.

1 Faites un ourlet de 1 cm tout autour du tablier.

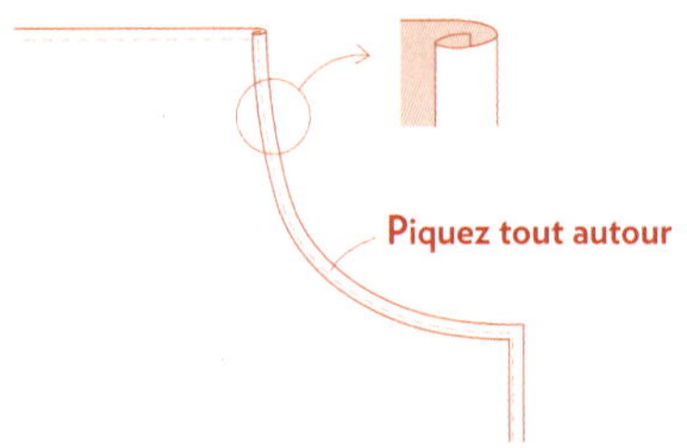

2 Préparez les 3 lanières.

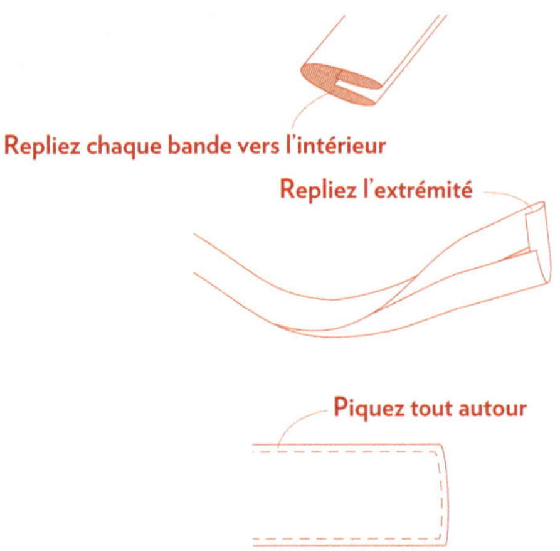

3 Cousez solidement les lanières dans les coins adéquats, sur l'envers du tablier.

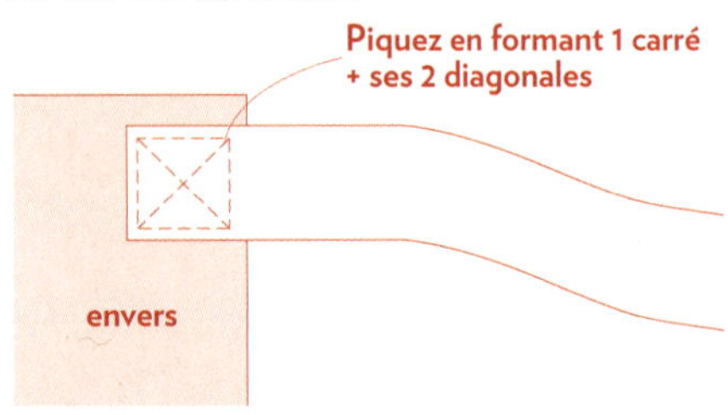

4 Cousez la poche :

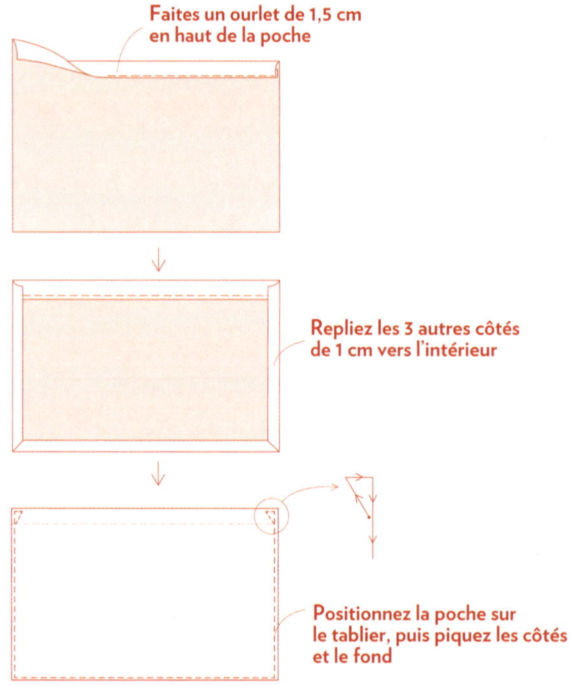

TAILLE UNIQUE

FOURNITURES

90 cm de lin ou toile de coton en 140 cm de large
Tissu pour la poche (30 x 21 cm)

COUPE

Tablier : coupez 1 fois, en double sur la pliure
Poche : coupez 1 rectangle de 30 x 21 cm
Lanière cou : coupez 1 rectangle de 7 x 55 cm
Lanières ceinture : coupez 2 rectangles de 7 x 65 cm

TABLIER DE CUISTOT

Ce tablier de cuisinier se porte en faisant un gros revers à la taille, pour une meilleure tenue. Allez hop, aux fourneaux !

1 Cousez les bandes de toile colorée sur le tablier, verticalement et bien parallèles entre elles, à 29 et 35 cm du bord gauche du tablier.

Cousez, de la même manière, une bande sur la poche, à 4 cm du bord gauche.

2 Cousez la poche :
• faites 1 ourlet de 1,5 cm en haut de la poche ;
• repliez les 3 autres côtés de 1 cm vers l'intérieur (marquez le pli au fer) ;
• positionnez la poche sur le tablier, puis piquez les côtés et le fond.

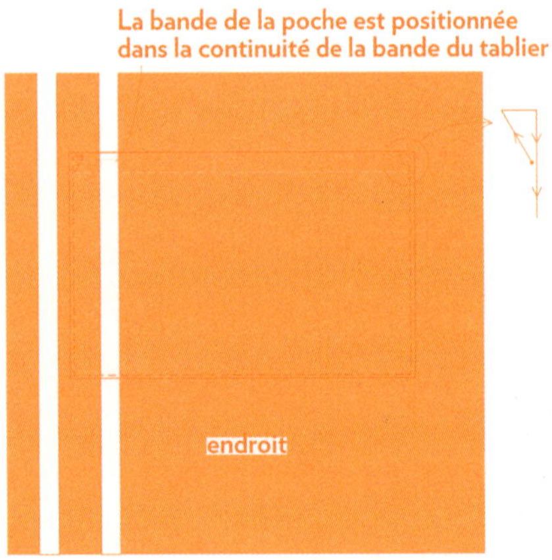

3 Ourlez le bas et les 2 côtés du tablier.

4 Cousez une bande de toile de coton colorée sur le haut du tablier (procédez comme pour un biais à cheval sur le bord non fini du tissu).

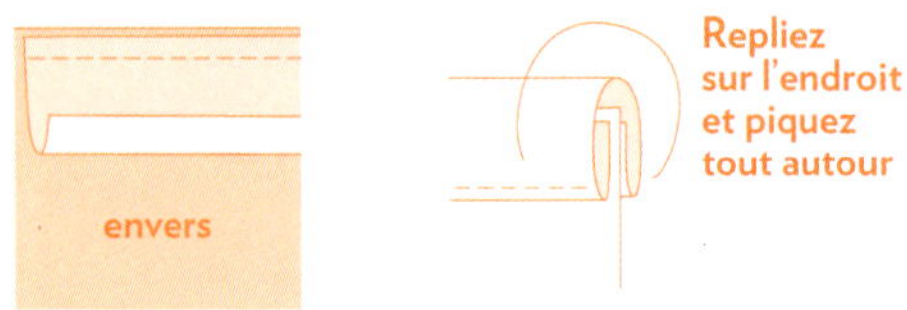

5 Cousez les lanières de la ceinture.

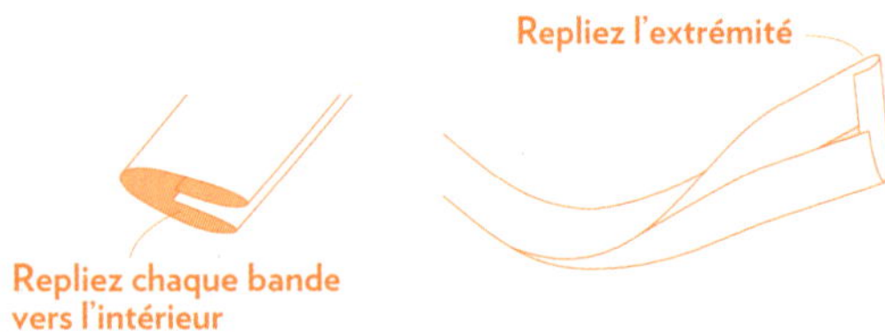

Cousez solidement les lanières sur l'envers du tablier, à 10 cm du haut.

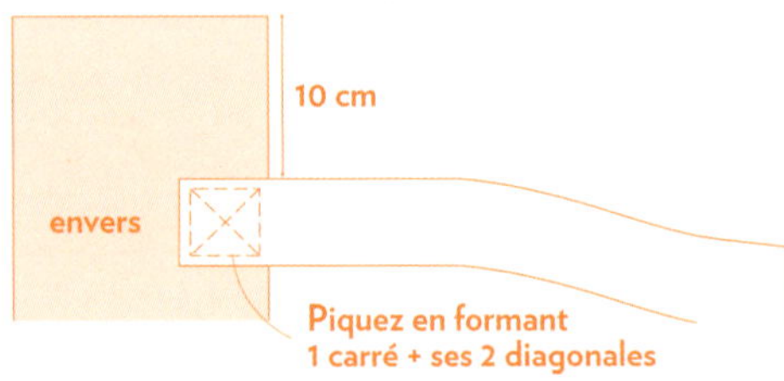

TAILLE UNIQUE

FOURNITURES

90 cm de gabardine de coton en 1,40 m de large

Toile de coton unie colorée pour les bandes et la ceinture (90 x 30 cm)

COUPE

Tablier : coupez 1 rectangle de 89 x 94 cm

Poche : coupez 1 rectangle de 25 x 31 cm dans la gabardine

Ceinture : coupez 2 rectangles de 6 x 90 cm

Bandes : dans la toile de coton, coupez 2 bandes de 89 x 3,5 cm + 1 bande de 5 x 94 cm pour la bordure du haut

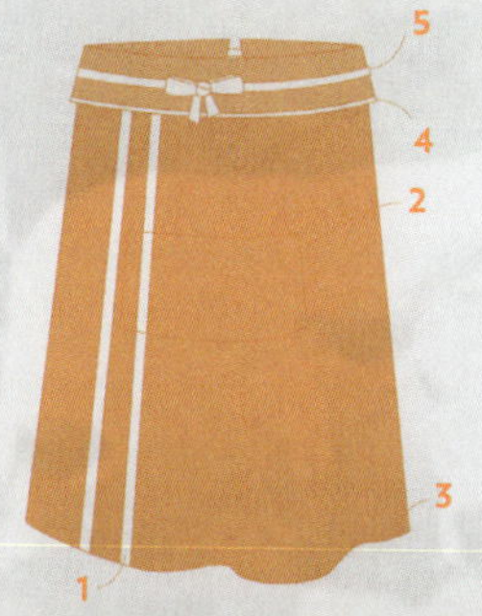

Vous pouvez retrouver les créations de ce livre et certains tissus sur le site www.barakossa.com
Les tissus utilisés dans les créations viennent des boutiques suivantes :

BOUTIQUES EN LIGNE

La Barakossa
www.barakossa.com

Au Ch'ti bouton
www.auchtibouton.com

Hawthorne Threads
www.hawthornethreads.com

Julija's Shop
julijasshop.blogspot.com

BOUTIQUES À PARIS

IE
128, rue Vieille-du-Temple - Paris 3e

Petit Pan
39, rue François-Miron - Paris 4e

La Folie des coupons
11, rue d'Orsel - Paris 18e

Sacrés Coupons
4 bis, rue d'Orsel - Paris 18e

Marché Saint-Pierre (Dreyfus)
2, rue Charles-Nodier - Paris 18e

Stop tissus
62, bd de Belleville - Paris 20e

UN PEU PARTOUT...

Mondial tissus
www.mondialtissus.com

Toto
www.toto.fr

Ikea
www.ikea.fr

REMERCIEMENTS

Commençons par remercier mes éditrices préférées, à l'origine de ce projet, pour avoir pensé à moi et m'avoir fait confiance...
Merci, merci, Marie ! mais également Céline, Fannette et Isabelle.
Un grand grand merci aussi à mon photographe adoré, patient et compréhensif à toute heure, qui a assuré toute la logistique familiale pendant que je faisais des petits dessins dans Illustrator, et qui a enrichi ce livre de ses belles photos.
Et puis merci à mes petits modèles : Margot, souriante et agréable même quand on lui enfile une turbulette par 35°C ! Ses parents qui aiment l'andouillette et ont su coacher leur fille avec brio. Et merci à mes adorables fillettes Lisa et Anouk (qui en avaient un peu assez par moments, il faut bien l'avouer...).
Et enfin, de manière plus générale, je souhaite dire ici à quel point je suis touchée par tous ceux qui m'entourent et me soutiennent dans ma petite entreprise...

CRÉDITS

Conception graphique : Marina Delranc
Mise en page : Géraldine Lepoivre
Coordination éditoriale : Charlotte Marquevielle
Photogravure : David Bonnier / Studio B
Fabrication : Cédric Delsart et Stéphanie Parlange

ISBN : 978-2-84567-695-4
Dépôt légal : septembre 2011

Tana éditions
16-24, rue Cabanis - 12, villa de Lourcine
75014 Paris
www.tana.fr

Achevé d'imprimer en août 2011
Imprimé en Espagne